LA GRISETTE ET L'HÉRITIÈRE,

COMÉDIE EN DEUX ACTES, MÊLÉE DE CHANT,

PAR MM. ANCELOT ET PAUL DUPORT,

Représentée pour la première fois, à Paris, sur le théâtre du Vaudeville, le 7 novembre 1839.

DISTRIBUTION :

Le Baron DURESNEL, riche fabricant.	M. Amant.	CLOTILDE, jeune ouvrière.....	Mmes Emile Taigny.
ARTHUR DURESNEL, son fils........	M. E. Taigny.	SÉRAPHINE, id...........	Henri Monnier
ATHANASE POMARET, son neveu...	M. Ravel.	ROSALIE, id...........	Martin.
MARCOS, homme de confiance de M. Ribera............................	M. Fontenay.	LAURENCE, id...........	Grave.
		JENNY, id...........	Dutheil.
ANDRÉ, domestique de Duresnel.....	M. Camiade.	LOUISE, id...........	Caroline.

La scène se passe, au premier acte, au Hâvre, dans un magasin de lingeries, en 1837.—Au deuxième acte, à Paris, chez M. Duresnel, en 1839.

ACTE I.

Le théâtre représente l'intérieur d'une élégante boutique de lingerie et nouveautés. Fond vitré par lequel on aperçoit une rue du Hâvre. Deux portes à gauche de l'acteur; l'une, au troisième plan, est celle de la chambre de Clotilde; l'autre, au premier plan, est la porte d'une cour qui conduit sur le port. A droite, au premier plan, le comptoir; du même côté, sur le dernier plan, la porte qui mène au magasin et aux chambres des autres lingères.

SCÈNE I.

JENNY, ROSALIE, LAURENCE, LOUISE.

(Elles sont à la porte du fond, et adressent la parole à la cantonnade, du côté de la rue.)

ROSALIE.

Bonne traversée, madame.

TOUTES.

Et bien du plaisir!

JENNY, redescendant la scène.

Est-elle heureuse, cette Mme Delatour, d'aller à la fête d'Honfleur!

LOUISE, restée sur la porte.

Hein?... Qu'est-ce qu'elle nous crie encore?

LAURENCE.

D'être bonne pour Clotilde, de ne pas la tourmenter.

ROSALIE.

Ah! dam, Clotilde, sa favorite!

JENNY.

Oui, depuis trois mois que cette petite orpheline, qui n'a jamais connu ni père, ni mère, est tombée on ne sait d'où dans le magasin, Mme Delatour l'a prise dans une amitié...

LOUISE.

Ça ne sait pourtant ni lire, ni écrire.

LAURENCE.

Mais elle est si gentille!..

Nota. Les personnages sont placés en tête de chaque scène comme ils doivent l'être au théâtre, le premier occupe la droite de l'acteur.

JENNY.

Le fait est que c'est incroyable ce qu'elle attire ici de chalands.

ROSALIE, regardant vers le vitrage du fond.

A commencer par celui-là, tenez!..

TOUTES, se retournant.

Ah!.. le grand chapeau!..

(On voit Marcos traverser la rue.)

JENNY.

Qui n'achète que quand elle est dans le magasin.

ROSALIE.

Juste!.. Il vient regarder.

(Marcos s'approche du vitrage.)

TOUTES, lui faisant la révérence.

Monsieur... (Il ôte son chapeau, et passe.)

ROSALIE.

Il ne la voit pas, il s'en va.

JENNY.

Et il reviendra, je vous en réponds!.. Si je vous contais ce que m'a dit mon petit cousin, l'employé de la mairie...

TOUTES.

Quoi donc?

JENNY.

Que cet individu-là, un étranger depuis quelques jours au Hâvre, était venu trouver le maire, et avait offert de donner cent louis pour les pauvres, si...

TOUTES.

Si ?..

JENNY.

Ah ! dam, voilà tout ce que mon cousin a pu entendre, et puis le nom de Clotilde, lingère chez Mme Delatour.

LES AUTRES.

Ah ! bah !..

ROSALIE.

C'est clair, le grand chapeau a des vues !..

JENNY.

Dites donc... si M. Arthur savait ça ?..

ROSALIE.

Chut !.. le voilà, M. Arthur.

SCÈNE II.

ROSALIE, LAURENCE, ARTHUR, LOUISE, JENNY.

ARTHUR.

Bonjour, mesdemoiselles !.. Vive la joie !.. vive le plaisir !..

TOUTES.

Comment ?..

ARTHUR.

N'est-ce pas à deux heures que vous fermez aujourd'hui le magasin.

TOUTES.

Oui.

ARTHUR.

Eh bien ! à deux heures, je vous enlève pour la fête d'Honfleur. Tenez, voyez tous ces billets de tombolas, spectacles, curiosités, que j'ai pris d'avance pour vous.

AIR : Vaudev. de Mme Favart.

Je serai fier de vous conduire ;
Et pourtant qu'arrivera-t-il ?
L'effet, que vous allez produire,
Me condamne à plus d'un péril.
Quand vous paraîtrez à la fête,
Tous les marchands vont m'en vouloir :
Plus de spectacle, plus d'emplettes !
On quittera tout pour vous voir.

TOUTES.

Est-il gentil ! Est-il aimable !

ROSALIE.

Après cela, il ne faut pas que nous soyons trop fières : si M. Arthur nous met de la partie, c'est que Clotilde n'oserait pas aller seule avec lui.

LES AUTRES.

Oh ! ça, c'est vrai !

ARTHUR.

Elle est si sage !

ROSALIE.

Ce qui ne l'empêche pas de recevoir des cadeaux.

ARTHUR.

Des cadeaux ?

ROSALIE.

De vous, M. Arthur.

ARTHUR.

De moi ?

ROSALIE.

Bon !.. Faites l'ignorant !.. Connaissez-vous ce médaillon ?

ARTHUR.

Comment est-il entre vos mains ?

ROSALIE.

Voilà !.. Depuis deux jours, Clotilde regardait cela tous les quarts d'heure, en cachette de nous ; ça nous a intriguées, nous avons voulu savoir ce que c'était, et nous l'avons...

ARTHUR.

Oh ! mesdemoiselles.

ROSALIE.

On le lui rendra, soyez tranquille !.. Ah ! c'est charmant !.. Ça s'ouvre, et dedans ces mots gravés : « Amour pour la vie ! » Avec un A et un C !.. Arthur et Clotilde !.. C'est clair.

ARTHUR.

Ce que vous avez fait là est bien indiscret.

ROSALIE.

Tiens !.. Pourquoi fait-elle des mystères ?..

ARTHUR, reprenant le médaillon.

Donnez, donnez, que je le lui reporte.

TOUTES.

Dans sa chambre ?.. Du tout, du tout !

ROSALIE.

Elle s'habille.

ARTHUR.

Si tard ?

JENNY.

Oui, parce qu'elle a passé la nuit au travail, pour pouvoir venir au secours d'une pauvre veuve...

ARTHUR.

Une bonne action ?.. C'est bien d'elle !.. moi aussi je veux y être pour quelque chose... Tenez, mesdemoiselles, pour sa protégée.

ROSALIE.

Cinq napoléons !

JENNY.

Vous vous ruinerez, M. Arthur.

ARTHUR.

Bah !.. j'ai une bonne place.

ROSALIE.

Il est sûr que premier commis dans ce vaste entrepôt situé à Ingouville...

JENNY.

Et qui appartient à un riche fabricant de Paris, M. Duresnel.

ROSALIE.

En voilà un dont le fils sera un bon parti pour une demoiselle.

JENNY.

A propos de son fils, dites donc, M. Arthur, est-il bien ? est-il aimable ?.. Nous ne l'avons jamais vu.

ARTHUR.

Mesdemoiselles...

SCÈNE III.

LAURENCE, JENNY, SÉRAPHINE, ROSALIE, LOUISE, ARTHUR, au fond.

SÉRAPHINE, entrant par la porte du premier plan à gauche, à la cantonnade.

Oui... dans cette cour.

TOUTES, se retournant.

Séraphine !..

SÉRAPHINE, entrant.

Mes amies, mes chères amies.

(Elles s'embrassent.)

ROSALIE.

Te voilà revenue de Paris ?

SÉRAPHINE.

Pas pour long-temps... Des offres de ma marraine... Son magasin, rue Vivienne... les plus beaux avantages... Je vous conterai ça... Elle ne voulait même pas me laisser repartir... mais j'avais promis à Mme Delatour... et puis manquer la Sainte-Claire, la fête d'Honfleur...

ROSALIE.

Où tu viendras avec nous.

JENNY, montrant Arthur.

C'est Monsieur qui nous y mène.

SÉRAPHINE, faisant une révérence.

Ah!.. Monsieur a un sentiment ici?

ARTHUR, venant se placer entre Séraphine et Rosalie.

Mademoiselle...

ROSALIE.

Pour Clotilde.

SÉRAPHINE.

Qu'est-ce que c'est que ça Clotilde?

ROSALIE.

Ah! c'est juste, tu ne la connais pas; il y a trois mois que tu es absente, et elle n'est entrée au magasin que depuis ton départ. C'est une bonne fille, mais à qui l'on ne connaît pas le moindre parent... Oh! indiscrète que je suis! Elle n'a peut-être pas conté à M. Arthur?..

ARTHUR.

Si fait, mademoiselle, je sais tout, et je ne l'en trouve que plus intéressante.

SÉRAPHINE, à part.

Il a l'air bon enfant, le jeune homme.

ARTHUR, à part.

Clotilde qui ne vient pas!.. Si j'osais... Pourquoi non?.. (Il se glisse doucement par la porte du dernier plan, à gauche de l'acteur.)

ROSALIE, à Séraphine.

Ah ça! et ton bagage.

SÉRAPHINE.

J'en ai chargé un jeune voyageur, qui m'a fréquentée sur le bateau à vapeur depuis Paris.

Air du Partage de la Richesse.

Ah! c'est un être bien aimable,
Et si timide, et si décent!
S'il vous dit un mot agréable,
Il le prononce en rougissant;
J'aimais à voir, quand il m'offrit son zèle,
Sur le bateau qu'entraînait la vapeur,
La candeur d'une demoiselle,
Jointe aux favoris d'un sapeur.

Tenez, tenez, je l'entends... il fait apporter ma malle!... (Allant à une porte latérale.) Bien, bien... Par cet escalier-là... Qu'on monte tout au premier. En vous remerciant de votre peine.

SCÈNE IV.

JENNY, LAURENCE, POMARET, ROSALIE, SÉRAPHINE, LOUISE.

POMARET, après être entré.

Peut-on prendre la liberté d'entrer?

SÉRAPHINE.

Comment donc!

POMARET.

Mesdemoiselles...

TOUTES, lui faisant la révérence.

Monsieur!..

POMARET, les regardant d'un air béat.

Quel coup-d'œil!.. Ah! mesdemoiselles... vous trompez le public.

TOUTES.

Plaît-il?

POMARET.

Vous mettez sur votre enseigne: Magasin de nouveautés.

TOUTES, piquées.

Eh bien?

POMARET.

C'est paradis qu'il faudrait mettre, puisqu'on ne voit ici que des anges.

TOUTES, flattées.

Ah! monsieur...

SÉRAPHINE, aux lingères.

Quand je vous le disais... Toujours dans la sainteté.

POMARET.

Dam!.. sous la restauration on m'avait fait élever dans une maison pieuse, pour être... et quoique ma vocation ait changé avec les circonstances, j'y ai gagné de n'avoir rien de commun avec la jeunesse de Paris, ces viveurs, fumeurs, et blag....., qui n'ont aucune pudeur. Moi, à un mot, un geste équivoque, je rougis comme une jeune fille... Mais eux, qu'ils aillent chez une marchande de modes, ils s'approchent d'une demoiselle de comptoir...

Air: On n'offense point une belle en lui parlant si poliment.

Puis, à l'oreille de cet ange,
Se penchant, tel que me voilà,
Ils lui diront tout bas...
(Il parle bas à Rosalie.)

ROSALIE.

Qu'entends-je?

POMARET.

Ou bien encor comme cela...
(Il parle bas à Jenny.)

JENNY, reculant.

Oh! par exemple!..

POMARET, achevant l'air.

Ce n'est rien!... Bravant la colère
De la jeune et simple ouvrière,
Des yeux, ils vont la dévorer,
Prendre ses mains et les serrer...

ROSALIE, retirant sa main qu'il prend.

Eh bien! monsieur!..

POMARET.

Laissez-moi faire,
C'est seulement pour vous montrer!
Ne craignez rien, laissez-moi faire,
C'est seulement pour vous montrer!

SÉRAPHINE.

C'est vrai!.. Moi, chez ma marraine...

POMARET.

Et ce n'est pas tout!

TOUTES.

Quoi donc?

POMARET.

Même air.

Que fille seule se hasarde
Le soir, un de ces méchans-là,
Suivant la vertu qui s'attarde,
Prend sa taille comme cela...
(Il prend la taille de Laurence.)

LAURENCE.

Monsieur!..

POMARET.

La jeune fille, avec colère,
Se tourne vers le téméraire,
Mais lui, loin de se retirer,
D'un gros baiser va s'emparer !..
(Il embrasse Laurence.)

LAURENCE.

Eh bien ! monsieur !..

POMARET.

Laissez-moi faire !
C'est seulement pour vous montrer.
(Il se tourne brusquement vers une autre et l'embrasse.)
Ne craignez rien, laissez-moi faire, etc.

SÉRAPHINE.

C'est la vérité pure... Ça m'est arrivé, rue Richelieu.

POMARET.

Oui, ça arrive souvent rue Richelieu !.. Oh ! moi, des mœurs pareilles... ça me fait mal !..

SÉRAPHINE.

Monsieur vient se fixer au Hâvre ?

POMARET.

A Ingouville, dans l'entrepôt de mon oncle Duresnel.

JENNY.

Quoi, monsieur serait ?..

TOUTES.

Ah ! comme ça se trouve !..

ROSALIE.

Eh bien ! où est-il donc, l'autre ?..
(Elle regardent toutes vers le fond pour chercher Arthur.)

SCÈNE V.

LES MÊMES, ARTHUR, revenant par la porte qui mène chez Clotilde.

ARTHUR, à part.

Elle n'a pas même voulu m'ouvrir, et ce n'est qu'en lui glissant le médaillon sous la porte...

JENNY, voyant Arthur.

Eh mais... tenez... Messieurs...

ARTHUR.

Pomaret !

POMARET.

Mon cher cousin !

TOUTES.

Son cousin !

ARTHUR, à demi-voix.

Tais-toi !

POMARET.

Que je me taise !.. Quand je suis envoyé exprès par ton père, mon oncle Duresnel...

ARTHUR.

Allons !...

TOUTES.

Quoi !.. c'est le fils ?..

POMARET.

Arthur Duresnel, sans doute !

JENNY, à Arthur.

Ah ! monsieur, vous nous trompiez !

TOUTES.

Quelle trahison !.. Quelle horreur !..

ARTHUR.

Mesdemoiselles, plus bas, plus bas, de grâce !.. Je vous expliquerai... je reviendrai me justifier bientôt... Mais jusque-là, au nom du ciel, pas un mot à celle que j'adore !..

TOUTES.

Monsieur...

POMARET, à part.

C'est ici qu'il adore !.. Je suis bien tombé.

ARTHUR, à Pomaret.

Et toi, viens, suis-moi !.. Maladroit, imbécile !..

POMARET.

Ah ! cousin, si l'on ne nous commandait pas le pardon des injures ?..

ARTHUR.

Viens donc !.. (Il entraîne Pomaret par le fond.)

SCÈNE VI.

JENNY, LAURENCE, SÉRAPHINE, ROSALIE, LOUISE.

ROSALIE.

Eh bien ! en voilà une nouvelle !

SÉRAPHINE.

Qu'y a-t-il donc ?

ROSALIE.

Ce monsieur Arthur, qui se faisait passer pour un simple commis et qui est le fils du riche monsieur Duresnel, rien que ça.

JENNY.

Il trompait Clotilde sur sa position.

SÉRAPHINE.

Tiens !.. Un amoureux qui se déguise ?.. C'est comme dans les romans et dans les opéra-comiques !.. Elle est donc jolie cette Clotilde !

ROSALIE.

Tu la verras bientôt, ma chère ; ne vas-tu pas ouvrir ta malle, faire ta toilette ? Le temps passe...

SÉRAPHINE.

Oui, tu as raison ; à tout à l'heure, mes bonnes amies. (Elle sort par la porte de droite.)

SCÈNE VII.

ROSALIE, JENNY, LOUISE, LAURENCE, puis CLOTILDE.

ROSALIE.

J'entends Clotilde qui descend de sa chambre.

JENNY.

Il ne faut pas lui dire que nous savons...

TOUTES.

Oh ! non, non !

CLOTILDE, entrant par la porte du dernier plan à gauche.

AIR : Du plus beau de Séville. (LOÏSA PUGET.)

Plaignez, plaignez la pauvre fille,
Qui n'a pour dot que ses appas !
Pour lui dire qu'elle est gentille,
Les amoureux suivent ses pas ;
Contre leur séduisant langage,
Il faut savoir armer son cœur ;
Quand la vertu dit : reste sage !
L'amour nous montre le bonheur !
Soyons prudentes,
Et défiantes !..
Oui, sans famille et sans richesse,
Je veux conserver ma sagesse !..
Hélas ! si j'n'ai que c'trésor-là.
Clotilde au moins le gardera.

ROSALIE.

Tu es bien gaie, ce matin, Clotilde?

CLOTILDE.

Ma gaieté est ma seule fortune... je la dépense.

ROSALIE.

Il est vrai que, chérie de la maîtresse du magasin, adorée par un amoureux tendre et fidèle...

JENNY.

Qui n'a que des vues honnêtes...

CLOTILDE.

Eh mais! vous dites cela comme si vous en doutiez.

JENNY.

Nous?.. Par exemple!

CLOTILDE.

Si je n'en doute pas, moi?

ROSALIE.

Dieu veuille que ça dure!

CLOTILDE.

Et pourquoi changerais-je d'idée?

ROSALIE.

Dam! on y est bien forcé quelquefois.

CLOTILDE.

Est-ce que tu l'aurais appris à tes dépens, Rosalie?

JENNY.

Au fait, quand on grave «amour pour la vie» et un chiffre dans un médaillon...

CLOTILDE.

Ah! oui, à propos, vous me l'aviez enlevé!.. M. Arthur vient de me le dire à travers la porte de ma chambre... Ce n'est pas gentil, mesdemoiselles.

ROSALIE.

Un peu de curiosité... Il ne faut pas nous en vouloir.

CLOTILDE.

Oh! je vous pardonne!.. Les paroles qu'Arthur me disait, hier encore, me donnent trop de joie pour que je vous garde rancune.

ROSALIE.

Ah! qu'est-ce qu'il te disait?

CLOTILDE.

Qu'il n'aimerait jamais que moi.

ROSALIE.

Ah! oui, ça se dit toujours, ça.

CLOTILDE.

Qu'il avait pour moi autant d'estime que d'amour.

ROSALIE.

Ça se dit encore.

CLOMILDE.

Et qu'il n'aurait pas de plus grand bonheur ue de pouvoir faire de moi sa femme.

TOUTES.

Sa femme!..

SCÈNE VIII.

LES MÊMES, MARCOS.

MARCOS, arrivant par le fond et venant se placer au milieu.

Vous?.. vous?.. La femme de qui donc?..

CLOTILDE, un peu effrayée.

Monsieur...

TOUTES LES AUTRES.

Le grand chapeau!

MARCOS, à Clotilde,

Vous avez un amoureux?

CLOTILDE.

Et pourquoi pas?

MARCOS.

Et quel est-il? sa famille? son état? sa fortune?..

CLOTILDE.

Monsieur, vos questions...

MARCOS.

Vous craignez de dire ce qu'il est?.. vous rougissez donc de lui?

CLOTILDE.

Au contraire!.. Premier commis dans une maison honorable...

MARCOS.

Commis... Vous, épouser un commis!.. ce mariage-là n'a pas le sens commun...

TOUTES.

Qu'est-ce qu'il dit donc?..

CLOTILDE.

Que signifie, monsieur?..

MARCOS.

Ce que ça signifie?.. C'est que... (Voyant toutes les lingères qui se penchent pour écouter.) On vous le dira plus tard... quand il n'y aura pas tant d'oreilles.

TOUTES.

Par exemple!..

ROSALIE.

Il est galant!..

MARCOS.

Et, en attendant, voyons, petite mère, sans rancune!.. Avez-vous à me vendre quelque jolie toilette de femme?

ROSALIE, à part, aux autres.

Il n'achète jamais que pour femme, ce vieux-là!..

CLOTILDE.

Monsieur n'a qu'à choisir.

MARCOS.

Au contraire... c'est vous que j'en charge... Choisissez... (Appuyant.) comme pour vous.

CLOTILDE.

AIR : Paris et le Village.

Celle qui doit porter cela...

MARCOS.

Comme vous, charmante tournure!

CLOTILDE.

Son teint, sa taille?..

MARCOS, indiquant Clotilde.

Les voilà!
Que sur vous on prenne mesure.

CLOTILDE.

Mais, Monsieur, il aurait fallu
Connaître son goût?..

MARCOS.

Non, ma chère!
Dès que cela vous aura plu,
Je suis sûr que ça doit lui plaire.

CLOTILDE.

Monsieur...

MARCOS.

Il ne faut pas rougir pour cela!.. Eh bien?..

CLOTILDE.

Eh bien! nous sommes en train d'achever une robe charmante...

MARCOS.

L'aurai-je ce matin?..

ROSALIE, avec malice.

Ah!.. ça presse?..

MARCOS, la toisant.

Ça presse beaucoup...

CLOTILDE.

Une demi-heure... le temps de poser un volant, à quatre... Vite, mes amies... montons... Une seule pour garder le magasin.

LAURENCE.

Moi... j'ai justement un roman à finir.

MARCOS, à Clotilde.

Pourquoi donc n'est-ce pas vous qui restez?.. (Bas.) Vous savez bien que j'ai quelque chose à vous dire...

CLOTILDE, haut.

Eh bien!.. dites-le.

MARCOS, bas.

Chut!.. en particulier.

CLOTILDE.

Par exemple!.. (Aux autres.) Allons, mesdemoiselles... au travail!..

(Elles sortent par la porte de droite.)

SCÈNE IX.

MARCOS, LAURENCE, qui s'assied dans le comptoir et lit.

MARCOS.

Charmante fille!.. elle ne veut pas de tête-à-tête!.. Et pourtant il faut que je lui parle : voici l'instant venu de lui révéler... car c'est aujourd'hui que met à la voile ce bâtiment pour Cadix... Oh! je trouverai bien un moyen de la rencontrer seule... (Il réfléchit sur le devant.)

SCÈNE X.

LAURENCE, lisant dans le comptoir, POMARET, MARCOS.

POMARET, entrant par le fond, à Laurence.

Mademoiselle!

LAURENCE.

Ah! monsieur...

POMARET.

Puis-je vous demander où est mon aimable compagne de route?

LAURENCE.

Séraphine?.. A sa toilette.

POMARET.

Me permettrez-vous de l'attendre?..

LAURENCE.

Monsieur...

POMARET.

Que je ne vous dérange pas... (A part.) Oui... ici, à poste fixe, pour achever de découvrir... (Apercevant Marcos.) Que vois-je? M. Marcos!.. (Pendant ce qui suit, Laurence reprend sa lecture; puis elle s'endort peu à peu, et laisse tomber son livre.)

MARCOS.

M. Pomaret!..

POMARET.

Moi-même, qui rends grâce au ciel de m'avoir amené ici...

MARCOS.

Ah!.. c'est le ciel qui vous amène chez des modistes?

POMARET.

Puisque j'y rencontre le plus intègre des caissiers de Cadix...

MARCOS.

Bien obligé... (A part.) Je ne peux pas souffrir le patelinage de ce petit tartuffe-là!..

POMARET.

Mon vénérable oncle m'avait tant recommandé, si vous étiez encore au Hâvre, de me concerter avec vous relativement à vos projets pour mon cousin.

MARCOS.

Il fait donc des siennes au Hâvre, votre cher cousin?

POMARET.

Il est amoureux d'une grisette.

MARCOS.

Ah! oui-dà?

POMARET.

Dans sa correspondance, il semble toujours éloigner l'idée de son mariage avec Mlle Inès, la fille de M. Ribera, votre patron, et, comme le respectable M. Ribera, avant de devenir le plus riche négociant de Cadix, avait, pendant son séjour en France, il y a vingt ans, été l'ami intime de mon oncle...

MARCOS.

Je sais combien M. Duresnel craint de voir manquer ce mariage-là...

POMARET.

Et pour une grisette encore! Oh! ça lui a donné un accès de désespoir... et de goutte... « A moi, une grisette pour bru, s'écriait-il, quand j'offre à mon fils une femme de deux millions, pour soutenir notre nouvelle noblesse. » Et, alors, s'adressant à moi : « Athanase, m'a-t-il dit, il faut que tu sauves ton cousin. Va le trouver... Tu es sage, prudent, vertueux... »

MARCOS.

Ah! votre oncle vous a dit?...

POMARET.

Il en coûte à ma modestie de répéter ses propres paroles... « Si tu parviens, a-t-il ajouté, à me renvoyer Arthur sur-le-champ, c'est toi qui le remplaceras dans mon entrepôt d'Ingouville; et, de plus, toi qui n'as rien, je te donne cinquante mille francs. »

MARCOS.

Diable!.. la somme est ronde... Eh bien, donc?

POMARET.

Eh bien! monsieur, j'étais à peine arrivé, que j'ai obtenu des notions précieuses.

MARCOS.

Sur la grisette aimée de votre cousin?

POMARET.

Précisément.

MARCOS.

C'est à faire à vous.

POMARET.

Et, de plus, je viens d'imaginer une ruse excellente pour forcer Arthur à retourner à Paris aujourd'hui même.

MARCOS.

A merveille, monsieur Pomaret!.. Ne perdez pas de temps pour la mettre à exécution; car moi, je m'embarque, ce soir, pour Cadix. Je vais retrouver M. Ribeira, mon patron, et, dans peu de temps, il mènera lui-même Mlle Inès, sa fille unique, à Paris.

POMARET.

Pour la marier à mon cousin.

MARCOS.

S'il a renoncé à ses amours de grisette.

POMARET.

Oh! il y renoncera... mais Arthur ne va pas tarder à revenir.

MARCOS.

Diable! il ne faut pas qu'il nous trouve ensemble, s'il soupçonnait que nous sommes d'intelligence...

POMARET.

C'est juste... Eh bien! venez, sortons par cette porte, elle conduit dans une cour qui donne sur le port.

MARCOS.

Bien... allons... (A part en sortant.) Je reviendrai trouver Clotilde, et il faudra bien qu'elle m'écoute.

(Il sort par la porte du premier plan à gauche; Pomaret qui l'a fait passer devant lui, va donner furvement un baiser à Laurence, qui dort dans le comptoir, et s'esquive à la suite de Marcos.)

LAURENCE, se réveillant en sursaut.

Ah! mon dieu!.. est-ce que je rêvais?.. mais oui, j'ai dormi!.. Ah! les romans modernes sont terribles pour ça!.. les auteurs appellent cela des romans intimes...

SCÈNE XI.

LAURENCE, CLOTILDE, puis ARTHUR.

CLOTILDE, une robe à la main.

Ah! tu es seule, Laurence?... le monsieur qui a commandé cette robe est parti!

LAURENCE.

Il paraît! pendant que je sommeillais... car ma lecture m'a endormie.

CLOTILDE.

C'est un avantage que je n'ai pas, moi qui ne sais pas lire.

LAURENCE.

Puisque te voilà, Clotilde, je vais faire mes dispositions de départ pour Honfleur.

CLOTILDE.

Va, ma chère, va, je reste ici.

(Laurence sort par la porte de droite.)

SCÈNE XII.

CLOTILDE, seule.

A Honfleur!.. oui, c'est Arthur qui nous y mène!.. Arthur!.. comme il m'aime!.. et moi donc?.. Ah! je le sens bien, cet amour-là, c'est ma vie!.. Et pourtant, les espérances que ses paroles me donnent quelquefois ne sont-elles pas des espérances folles?.. et pendant qu'il en est temps encore, ne ferais-je pas mieux de le fuir?..

SCÈNE XIII.

ARTHUR, CLOTILDE.

ARTHUR, entrant par le fond.

Me voilà!

CLOTILDE, reculant.

Ciel!

ARTHUR, la retenant.

Eh bien! est-ce que je vous effraie, Clotilde?

CLOTILDE.

Oui, Arthur.

AIR: Crois-moi. (MARINI.)

Une frayeur secrète
Se mêle à mes chagrins.
Absent, je vous regrette,
Et présent, je vous crains.
Ce présage, sans doute,
Me trompe, Arthur, et pourtant quand mon cœur
L'écoute,
J'ai peur.

ARTHUR.

Qu'entends-je?.. peur de celui qui ne pense qu'à vous, qui ne cherche que vous!

CLOTILDE.

Et que je devrais éviter.

ARTHUR.

Eh! mon dieu, n'est-ce donc point assez d'avoir quitté depuis trois mois cette petite chambre où du moins je pouvais vous voir seule?

CLOTILDE.

C'est pour cela que je l'ai quittée. Écoutez, M. Arthur...

ARTHUR.

Que j'écoute?.. Et que me direz-vous, Clotilde?... ce que vous me dites toujours... ni oui, ni non... quand je devine que vous m'aimez, vous le niez en riant... quand j'en doute, vos yeux me l'affirment avec tristesse!.. et l'on est moins avancé auprès de vous en six mois, qu'auprès de vos compagnes en vingt-quatre heures.

CLOTILDE.

Qu'en arrivera-t-il? que M. Arthur s'éloignera de la pauvre Clotilde.

ARTHUR.

Ah! si vous vouliez?..

CLOTILDE.

Au lieu de s'éloigner maintenant, il s'éloignerait un peu plus tard... voilà tout.

ARTHUR.

Oh! ne dites pas cela.

CLOTILDE.

Et pourtant, Arthur, n'y a-t-il pas eu de douces heures passées ensemble?

ARTHUR.

Elles pouvaient valoir mieux encore.

CLOTILDE, souriant.

Le mieux est l'ennemi du bien.

ARTHUR.

Chère Clotilde! que je t'aime!

CLOTILDE.

Pour que vous ne me le disiez pas ainsi, j'ai mis entre vous et moi toutes les demoiselles du magasin... et cependant, me voilà seule avec vous, vous écoutant encore... Jugez donc si je dois avoir peur, puisque ma raison, mes résolutions et toute une armée de malicieuses compagnes ne peuvent me défendre contre mon cœur et contre vous.

ARTHUR.

Ah! moi aussi, Clotilde, je ne le cache pas, j'ai plus d'une fois appelé la raison à mon secours... J'étais venu au Hâvre pour peu de tems; le hasard me fait entrer dans cette maison où vous habitiez, vous si sage, si gentille, que tout le monde vous aimait!.. On me parlait de Clotilde comme d'un ange !.. Je riais de ces éloges exagérés que je voulais détruire !.. je vous vis peu de jours avant mon départ... et je ne suis point parti... je veux et je dois quitter cette ville; car on me l'ordonne... et je me dis : Il faut la voir encore une fois !.. Est-ce ma faute ?... Qu'arrivera-t-il ?.. je l'ignore... tout ce que je sais, c'est que je vous aime.

CLOTILDE.

Cher Arthur ! depuis que j'avais quitté la pauvre famille qui m'a élevée et à qui je ne voulais plus être à charge, je travaillais à des broderies dont le prix me suffisait; mais vous avez paru, vous qui êtes riche, et j'ai vu que j'étais pauvre; vous m'avez parlé, vous qui avez été bien élevé, et j'ai vu que je ne savais rien... pas même écrire !.. Alors, Arthur, j'ai compris qu'il ne pouvait arriver de tout cela que du malheur !.. Je le dis, je le sens... et pourtant cela n'empêche pas que je ne vous aime !

ARTHUR.

Ne pensons donc plus qu'au plaisir du moment.

CLOTILDE.

J'aurai eu toute ma part de bonheur ici-bas dans votre amour, Arthur.

ARTHUR.

Et il ne finira jamais.

CLOTILDE, avec expression.

Ou je finirai avec lui.

ARTHUR.

Qu'entends-je ?

CLOTILDE.

Ma pauvre mère avait été trompée, on me l'a dit; elle est morte... parce qu'elle a voulu mourir... et moi, je ferai comme ma pauvre mère !

ARTHUR.

Folle enfant ! voulez-vous bien ne pas dire de ces choses-là... Pourquoi ces tristes idées?

CLOTILDE.

En effet, je ne devrais jamais songer au lendemain... Je vous vois, Arthur, vous êtes là... J'ai ma plus jolie toilette... dix-huit ans qui valent mieux qu'elle... et votre amour qui vaut mieux que tout cela !.. je ne veux pas regarder plus loin !

ARTHUR.

Et vous avez raison !

AIR : En proie au chagrin qui me tue. (GARDES MARINES.)

Bannissons tout mauvais présage ;
N'interrogeons pas l'avenir !
Clotilde est bonne, tendre et sage;
Qui pourrait donc nous désunir ?
Quand je lui jure amour extrême,
Je sais qu'elle me répondra :
Oui, je vous aime !
Dieu sait ce qui viendra,
Prenons toujours ce bonheur-là.

De cet amour, qui nous enchaîne,
Qu'un baiser scelle le serment !

CLOTILDE, souriant.

A mon époux une centaine,
Et pas un seul à mon amant.

ARTHUR.

Cette faveur est bien légère,
Clotilde me l'accordera !.,
C'est la première !..

CLOTILDE, à elle-même, souriant.

Dieu sait ce qui viendra,
Donnons toujours ce bonheur-là,

(Arthur prend un baiser à Clotilde.)

SCÈNE XIV.

ARTHUR, ROSALIE, CLOTILDE.

ROSALIE, riant et entrant par le fond.

Ah bien !... c'est joli, Clotilde... pour la plus sage du magasin !

ARTHUR.

Une simple faveur de bonne amitié.

ROSALIE.

Eh ! mon dieu ! ne vous excusez pas !.. je connais ça... ce n'est pas la chose que je blâme... mais dans un magasin ouvert à tout le monde !.. c'est immoral... et ce n'est pas prudent. Au reste, M. Arthur, je venais vous annoncer que monsieur votre cousin est là qui vous demande... je l'ai empêché d'entrer, et j'ai bien fait, n'est-ce pas ?

ARTHUR.

Pomaret ?.. que me veut-il encore?

ROSALIE.

Je n'en sais rien; mais il a la figure renversée, il dit qu'il faut qu'il vous parle tout de suite.

(Elle sort par la porte de droite.)

CLOTILDE.

Allez, Arthur, allez.

ARTHUR.

J'y vais, Clotilde, et je reviens dans peu d'instans... A revoir.

CLOTILDE.

A revoir !

SCÈNE XV.

CLOTILDE, seule.

Là... voyez ce que c'est...

AIR d'Yelva.

Mon malheur peut-il se comprendre
Pour un baiser... quel désespoir !
Le premier que je laisse prendre,
Tout le monde va le savoir,
Pour moi, grâce à ces demoiselles,
Il vaudrait mieux qu'il en eût obtenu
Cent coupables ignorés d'elles,
Qu'un seul innocent qu'on a vu.

SCÈNE XVI.

CLOTILDE, MARCOS.

MARCOS, entrant par la porte du premier plan à gauche.

Enfin, je pourrai lui parler.

CLOTILDE.

Ah ! le monsieur de tantôt... Encore !

MARCOS.

Ne vous effrayez pas, ma belle enfant ! vous m'avez refusé l'entretien que je vous demandais; mais je vous trouve seule et nous allons avoir ensemble une conversation grave et sérieuse.

CLOTILDE, riant.

Ce sera du nouveau, car j'en ai eu bien peu dans ma vie.

MARCOS.

Et pour affaires importantes.

CLOTILDE.

Des affaires importantes ?.. c'est différent : je n'en ai jamais eu.

MARCOS.

Écoutez-moi bien, et veuillez me répondre franchement : Vous souvenez-vous de votre enfance, et pouvez-vous tout me dire ?

CLOTILDE.

Sans doute, Monsieur.

MARCOS.

Eh bien, parlez, mais sans réticences, sans me rien cacher.

CLOTILDE.

Mais, Monsieur...

MARCOS.

Je vous en prie, et croyez que vous n'aurez pas à vous repentir de votre franchise.

CLOTILDE.

Allons, j'y consens : pourquoi ne vous dirais-je pas ce que savent tous ceux qui me connaissent ?.. j'étais dans le plus pauvre faubourg du Hâvre, chez les plus pauvres gens. Ils m'élevaient avec leurs enfans ; la mère m'avait nourrie, et avait reçu, m'a-t-elle dit, une somme d'argent assez considérable pour prendre soin de moi. Mais une petite entreprise faite sans succès par son mari emporta ce qu'ils avaient reçu et ce qu'ils possédaient auparavant. Le travail du pauvre homme suffisait bien difficilement à tous les besoins d'une nombreuse famille, et dès que je sus broder je ne voulus plus leur être à charge : depuis ce temps, j'ai travaillé pour vivre... voilà tout !

MARCOS.

Me comprendrez-vous bien, mon enfant, vous qui ne savez rien du monde, et à qui je ne voudrais pas apprendre ce qu'il a parfois de triste et de cruel ?..

CLOTILDE.

Allez, Monsieur, l'expérience apprend vite aux pauvres gens ce qu'il y a de malheureux en ce monde !.. ne craignez pas de tout me dire.

MARCOS.

Eh bien, votre mère était une jeune fille comme vous...

CLOTILDE.

Je le sais !. séduite par un jeune homme riche qui ne l'épousa point, elle ne put supporter la vie... et moi je ne l'ai pas connue.

MARCOS.

Votre père...

CLOTILDE.

Il fit ce que je vois faire encore pour mes pauvres compagnes, ce qu'on fera pour moi, peut-être... il partit !..

MARCOS.

Et ceux qui agissent ainsi ?..

CLOTILDE.

Ils ont pour excuse l'usage, l'exemple, la légèreté de leur âge et les convenances du monde.

MARCOS.

Ainsi, Clotilde, votre père, vous ne le haïriez pas ?

CLOTILDE.

J'ai appris à souffrir, Monsieur ; mais je ne sais point haïr.

MARCOS.

Et vous le reverriez ?....

CLOTILDE.

Avec joie, s'il pensait à moi.

MARCOS.

Et, s'il vous offrait une belle position, une riche existence ?..

CLOTILDE.

Je dirais que je n'ai pas perdu pour attendre.

MARCOS.

Eh bien, tout cela est réel.

CLOTILDE.

Comment ?

MARCOS.

Oui, les belles choses qu'ont fabriquées ces jolies mains, ces robes, ces parures, cet argent que voici, (Il dépose une bourse sur une table.) et mille bijoux, sans compter les maisons, les terres et la tendresse paternelle, je suis chargé de vous offrir tout cela de la part de votre père.

CLOTILDE.

Ah, mon Dieu !.. est-ce que c'est un conte des mille et une nuits ?

MARCOS.

Non !.. c'est l'histoire de mille et un jours heureux qui vous sont destinés.

CLOTILDE.

Vous voulez rire, Monsieur.

MARCOS.

Il faut tout vous apprendre. Votre père s'était marié.

CLOTILDE.

Ces amoureux infidèles finissent tous comme cela.

MARCOS.

Il avait eu un enfant.

CLOTILDE.

Et moi, je ne comptais plus.

MARCOS.

Une fille charmante, à qui vous ressemblez, de dix-huit mois seulement plus jeune que vous.

CLOTILDE.

Et qui n'était pas obligée, elle, de travailler dix heures par jour pour gagner quinze sous.

MARCOS.

Des maîtres de tout genre, une brillante éducation, enfin, une jeune fille parfaite ; elle se nommait Inès... c'était le seul fruit de son mariage... et depuis trois mois il l'a perdue !

CLOTILDE.

Ma sœur !

MARCOS.

Alors...

CLOTILDE.

Il s'est rappelé la pauvre enfant oubliée.

MARCOS.

Et il m'a envoyé, moi, son homme de confiance, son ami dévoué pour tâcher de vous découvrir. « Si tu la trouves, m'a-t-il dit, et qu'elle soit digne de ma tendresse et de mon adoption, qu'elle vienne prendre près de moi la place de la fille que j'ai perdue. »

CLOTILDE.

Et à présent que vous m'avez trouvée, que lui direz-vous ?

MARCOD.

Que, sage et jolie, Clotilde mérite le sort brillant qui lui est réservé.

CLOTILDE.

Ah ça ! attendez un peu !.. Un sort brillant !.. ça veut dire que je serai riche, que j'aurai une famille, que je serai comme toutes ces demoiselles qui épousent, souvent sans les aimer, ces beaux jeunes gens qui aiment les pauvres grisettes sans les épouser ?.. Bien, bien ! vous êtes un brave homme, monsieur... monsieur ?..

MARCOS.

Marcos.

CLOTILDE.

Marcos... bon!.. oh, je n'oublierai pas votre nom, car vous m'annoncez un grand bonheur... plus grand que vous ne croyez!.. quelle joie de raconter!..

MARCOS.

Non!.. ne racontez encore rien à personne. c'est inutile et cela peut être dangereux.

CLOTILDE.

Ah!..

MARCOS.

Vous promettez de me suivre, de venir avec moi trouver le père qui vous attend?

CLOTILDE.

Oh oui, monsieur, je le promets!.. A moi, un père, une famille, du bonheur enfin!.. (Rosalie, Laurence, Jenny, Louise arrivent par la porte de droite et s'arrêtent au fond).

MARCOS.

Eh bien, soyez prête dans une heure!.. et, en attendant, prenez ces parures que j'ai commandées, prenez cet argent; tout est à vous, ne vous refusez rien!..

ROSALIE, bas aux autres.

Entendez-vous?..

CLOTILDE.

Oh mais! c'est un rêve!..

MARCOS.

C'est une réalité!.. A revoir, chère Clotilde!..

JENNY, bas aux autres.

Chère Clotilde!..

MARCOS, à Clotilde.

Dans une heure?..

CLOTILDE.

Dans une heure!.. (Marcos sort par la porte du premier plan à gauche).

SCÈNE XVII.

JENNY, ROSALIE, CLOTILDE, LAURENCE, LOUISE.

CLOTILDE.

Quelle espérance!.. pour moi tout cela!.. (Elle prend la bourse, examine la robe).

ROSALIE.

Bravo, Clotilde!.. bravo.

CLOTILDE.

Ah, vous voilà, mes bonnes amies?

ROSALIE.

Oui, nous voilà... et nous avons entendu.

CLOTILDE.

Quoi donc?

LAURENCE.

Ce que t'a d't le grand chapeau en te quittant.

CLOTILDE.

Ah!..

JENNY.

Il est généreux! le grand chapeau... Mais c'est égal, Clotilde, ça n'est pas bien, parce qu'enfin, quand on a un amoureux... Et certainement M. Arthur...

CLOTILDE.

Arthur?.. Oh, il sera aussi content que moi.

ROSALIE.

Par exemple!.. Il faudrait être bon enfant!..

CLOTILDE,

Eh bien, que pensez-vous donc, mesdemoiselles?

ROSALIE.

Dam! ça me paraît assez clair : des belles robes, de l'argent, un rendez-vous...

CLOTILDE.

Ah, je vous comprends!.. Fi, c'est indigne d'avoir de pareilles idées.

ROSALIE.

Tiens! quelles idées veux-tu que nous ayons?

CLOTILDE.

Me soupçonner!.. calomnier cet honnête homme!.. Il m'a recommandé le secret, mais n'importe, je dirai tout!.. Apprenez que c'est au nom de mon père que M. Marcos me donne tout cela.

ROSALIE.

De ton père?

CLOTILDE.

Apprenez qu'il a été envoyé par lui pour me chercher; que je ne suis plus un enfant abandonné; que je vais être riche, heureuse, et que M. Marcos va me conduire près de mon père.

TOUTES, riant.

Ah, ah, ah! la bonne histoire!

CLOTILDE.

Comment?..

ROSALIE.

Dis donc, Clotilde, veux-tu nous attraper, ou est-ce le vieux qui t'attrape? Sois bonne fille et conte-nous ça.

CLOTILDE.

Qu'entends-je?.. vous ne me croyez pas?

ROSALIE.

Bah, vraiment?.. il t'a dit cela et tu as donné dedans!

CLOTILDE.

Mais...

ROSALIE.

Pauvre fille!.. Ce que c'est que de n'avoir pas d'expérience!.. Ah, si tu étais comme moi, ma chère, tu aurais aperçu tout de suite de quoi il retournait!.. Voyez-vous ce père mystérieux qui tombe des nues?.. qui lui envoie un vieux pour lui donner des robes, des bijoux, de l'argent, et pour l'emmener?.. Ma pauvre Clotilde, il te fera voir du chemin, avant de retrouver ton prétendu père!

CLOTILDE.

Ah! mon Dieu!.. s'il était possible?..

LAURENCE.

Il aura lu cette histoire-là dans quelque roman, le vieux malin!

ROSALIE.

Comment nomme-t-il l'auteur de tes jours?

CLOTILDE.

Il ne me l'a pas dit.

ROSALIE.

Oh, c'est dommage!.. Et t'a-t-il montré sa procuration?

CLOTILDE.

A quoi bon, puisque je ne sais pas lire? (Elle va tristement près de la table à gauche où sont la robe et la bourse).

ROSALIE.

Ah, c'est juste!.. Depuis le temps qu'il te guette, il a joliment fait son plan, le séducteur en cheveux gris.

CLOTILDE, à elle-même.

Oh, quel trait de lumière !

ROSALIE.

Il savait à qui il s'adressait, le vieux Robert-Macaire !.. Ce n'est pas à moi qu'il aurait conté une pareille histoire.

CLOTILDE.

Oui, vous avez raison... vous m'ouvrez les yeux !.. C'était une ruse !.. Et moi, j'étais si contente de retrouver une famille !.. Merci, mes bonnes amies, merci de m'avoir éclairée !.. Ses robes, son argent, qu'il les reprenne !.. Voilà le cas que j'en fais !.. (Elle jette loin d'elle les robes et la bourse).

ROSALIE, les ramassant.

Oh, c'est très bien !.. Mais il ne faut pas gâter cela ; ça peut servir à d'autres.

CLOTILDE.

Ne songeons plus à ce méchant vieillard.

ROSALIE.

Tu y renonces tout-à-fait?

CLOTILDE.

Ça se demande-t-il ?

ROSALIE.

Dam !..

CLOTILDE.

Ne pensons qu'au plaisir que nous a promis ce bon Arthur... qui va sans doute venir... Préparez-vous. Moi, je cours ôter mon tablier et mettre mon schall. (Elle sort par la porte du dernier plan à gauche).

SCÈNE XVIII.

ROSALIE, JENNY, LAURENCE, LOUISE, puis POMARET.

JENNY.

Décidément, c'est une brave et honnête fille que Clotilde.

ROSALIE.

Elle fait là un fameux sacrifice à son Arthur. Dieu veuille qu'il l'en récompense !

POMARET, entrant par le fond. Il arrive auprès d'elles sans être vu, et, en parlant brusquement, leur fait pousser un cri de frayeur.

Mlle Clotilde est-elle parmi vous, mesdemoiselles ?

LAURENCE.

Non, monsieur ; elle vient de nous quitter.

POMARET.

Ah ça ! il est donc écrit que je ne la verrai pas ?

ROSALIE.

Vous aviez quelque chose à lui dire ?

POMARET.

Je voulais lui remettre une lettre de mon cousin.

ROSALIE.

De M. Arthur ?.. Est-ce qu'il ne va pas venir ?

POMARET.

Non, car il galoppe en ce moment sur la route de Paris.

ROSALIE.

Ah bah !..

POMARET.

Forcé de partir subitement, il écrit à Mlle Clotilde.

ROSALIE.

En voici bien d'une autre !

LAURENCE.

Et la fête d'Honfleur où il devait nous mener ?

POMARET.

Vous n'y perdrez rien : je me charge de vous y conduire.

TOUTES.

Ah ! monsieur !..

POMARET.

M'acceptez-vous pour cavalier au lieu et place de mon cousin ?

JENNY.

Certainement... Un jeune homme... aussi honnête que vous...

POMARET.

Eh bien, voilà qui est convenu ! Rien de changé à vos projets... Je viendrai vous prendre dans quelques instants. Voulez-vous, en attendant, donner cette lettre à Mlle Clotilde ?

ROSALIE, prenant la lettre.

Tout de suite, monsieur.

POMARET.

A bientôt !.. (A part, en sortant.) Le voilà séparé de sa grisette, et j'ai gagné mes cinquante mille francs.

SCÈNE XIX.

JENNY, ROSALIE, LAURENCE, LOUISE.

JENNY.

M. Arthur en route pour Paris !.. Qu'est-ce que vous pensez de ce brusque départ ?

ROSALIE.

Rien de bon !.. Il plante là cette pauvre Clotilde.

LAURENCE.

Tu crois, Rosalie ?

ROSALIE.

Ces monstres de jeunes gens n'en font jamais d'autres.

JENNY.

C'est elle... Nous allons tout savoir.

SCÈNE XX.

LES MÊMES, CLOTILDE.

CLOTILDE, entrant par la porte à gauche.

Me voilà prête... Arthur n'est pas encore arrivé ?

ROSALIE.

Hélas, non !

JENNY.

Et il n'arrivera pas.

CLOTILDE.

Comment ?

ROSALIE.

Il est parti, ma chère.

CLOTILDE.

Parti ?..

ROSALIE.

Et voici une lettre qu'il a écrite pour toi.

CLOTILDE.

Pour moi ?.. Une lettre ?..

ROSALIE.

Si tu le veux, je vais te la lire... car...

CLOTILDE.

Oh! oui, je t'en prie, lis bien vite... Mon Dieu, mon Dieu, que signifie cela?

ROSALIE.

Écoute.

LES AUTRES.

Écoutons.

ROSALIE, lisant.

«Ma chère Clotilde, il faut que je renonce au »plaisir que je me promettais aujourd'hui, et au »plaisir plus grand de vous voir tous les jours. »Un événement imprévu me force à partir, à »l'instant même, pour Paris : mon père est en dan»ger ; une crise soudaine, effrayante me rappelle »près de lui : je n'ai pas un moment à perdre, »et je vous écris en montant en voiture. Crois à »mon chagrin, chère Clotilde, comme à ces »mots gravés dans le médaillon que je t'ai donné : »Amour pour la vie! ARTHUR.»

CLOTILDE.

Oh, quel malheur!... Son père en danger!.. Pauvre ami!..

ROSALIE, aux autres.

Brave fille!.. Elle croit çà!..

TOUTES.

Bonne Clotilde!..

CLOTILDE.

Qu'est-ce que vous dites?

ROSALIE.

Nous disons, ma chère, que c'est une horreur, et qu'il y aurait conscience à te laisser dupe plus long-temps. Ton Arthur est un scélérat comme les autres.

CLOTILDE.

Rosalie!..

ROSALIE.

Oui, un scélérat!.. Il n'y a pas plus de père malade que sur ma main!.. Il t'abandonne, voilà tout!

CLOTILDE.

Oh!.. cela ne se peut pas.

ROSALIE.

C'est tout juste comme ça qu'a fait mon Théodore!.. Seulement, lui, ce n'était pas un père... c'était une tante qu'il allait enterrer.

AIR : Restez, restez, troupe jolie.

C'est pour sa tante qu'il me quitte ;
Il faut obéir au devoir ;
Elle va mourir, il hérite,
Puis il accourt pour me revoir ;
Moi, je vivais dans cet espoir!..
Quand je languissais dans l'attente,
L'ingrat se mariait sans remord.
Sa tante était très bien portante ;
Son amour seul était bien mort!

CLOTILDE.

Non, non, je ne croirai jamais qu'Arthur...

ROSALIE.

Écoute, ma pauvre Clotilde, il faut détruire tout de suite tes illusions, et te faire voir la chose comme elle est. La première fois que ça arrive, c'est cruel, et on souffre ; mais bah, on s'y accoutume... Je connais ça, j'y ai passé... Apprends donc que ton Arthur t'avait trompée... il se disait commis?.. Eh bien, pas du tout!... Il est le propre fils, le fils unique du riche M. Duresnel, à qui appartient le fameux entrepôt d'Ingonville.

CLOTILDE.

Lui?..

ROSALIE.

Lui-même!.. Ces demoiselles sont là pour le dire.

LES AUTRES.

C'est vrai!

ROSALIE.

Tu comprends à présent que toutes ses promesses de mariage, ses sermens d'amour éternel... Autant de calembourgs pour t'apprivoiser?..

CLOTIDE, douloureusement.

Oh!.. Il me trompait!.. C'est horrible!

ROSALIE.

Ne pense plus à lui, c'est ce qu'il y a de plus raisonnable, et, pour te consoler, compte sur nous... en attendant mieux.

CLOTILDE.

Oui, Rosalie, oui, tu as raison!.. (A part.) Allons, tout est fini!

UNE VOIX, dans la coulisse.

Laurence, Jenny, Louise!

JENNY.

C'est Séraphine qui nous appelle.

LAURENCE.

Il faut y aller.

JENNY.

C'est juste. Viens-tu avec nous, Clotilde?

CLOTILDE.

Non! allez, mes bonnes amies; et toi, Rosalie, je t'en prie, reste avec moi: j'ai un service à te demander.

ROSALIE.

Volontiers.

JENNY.

Du courage, Clotilde, du courage!

CLOTILDE.

Oh, j'en ai! (Elles sortent par la porte de droite.)

SCÈNE XXI.

ROSALIE, CLOTILDE.

ROSALIE.

Qu'est-ce que tu veux de moi, ma chère?

CLOTILDE.

Que tu te places là, Rosalie, toi qui sais écrire, et que tu mettes sur le papier ce que je vais te dicter.

ROSALIE.

Ah, une lettre?.. Et pour qui?..

CLOTILDE.

Pour Arthur.

ROSALIE, s'asseyant dans le comptoir et prenant la plume.

Bah!..

CLOTILDE.

Ne faut-il pas que je lui réponde?

ROSALIE.

Au fait, ça ne peut pas nuire.

CLOTILDE.

Écris : « Arthur, j'ai reçu votre lettre, et je ne »vous en veux que d'une chose, c'est de m'avoir »trompée. Si vous m'aviez dit tout de suite qui »vous étiez, j'aurais compris que l'amour entre »nous était une folie, et je n'aurais pas pris le »temps de vous aimer. Mais enfin, le mal est

»fait, je vous répète que je ne vous en veux »pas...

ROSALIE.

Par exemple!.. Tu es bien bonne!

CLOTILDE.

Écris toujours : « A présent, vous me quittez. »Ce que j'ai prévu plus d'une fois arrive bien »vite. Mais ça devait arriver... Vous vous rap- »pelez ce que je vous disais en parlant de ma »pauvre mère. Je mourrai comme elle...

ROSALIE.

Ah, bon!.. tu le menaces de te périr?.. Il n'y a pas de mal! On n'en meurt pas, et quelquefois ça les ramène.

CLOTILDE.

Écris donc!..

ROSALIE.

Oui, oui, va, je te comprends.

CLOTILDE.

« Je finirai avec votre amour... Voilà ce que »je vous disais, Arthur... et c'était vrai!.. Adieu »donc, Arthur, mon ami, toi à qui j'ai dû mes »seuls jours heureux sur la terre!.. Que le bon »Dieu te les rende!.. Puisse-tu être aimé comme »t'aimait la pauvre Clotilde.»

ROSALIE.

Oh, bravo!.. C'est à fendre le cœur d'un Bédouin!.. Je parie qu'il est revenu dans huit jours.

CLOTILDE.

Mets l'adresse et ferme la lettre : je vais la porter à la poste.

ROSALIE, fermant la lettre.

Allons, allons, tu en sais plus long que je ne croyais!.. Car c'est une frime, n'est-ce pas?.. Tu n'as pas l'intention?..

CLOTILDE.

Non, sans doute.

ROSALIE.

Très bien! très bien!.. Si l'on se tuait pour un amoureux perdu... excusez... Pas si bête!..

CLOTILDE.

Donne, Rosalie, donne, et merci de ta complaisance.

ROSALIE.

Comment donc!.. C'est avec plaisir... J'ai fait ma plus belle écriture.

CLOTILDE.

Encore une fois, merci... et adieu!

ROSALIE.

Dès que tu auras jeté la lettre à la boîte, tu reviendras et nous irons à Honfleur... ça te distraira.

CLOTILDE.

Oui, oui... adieu, Rosalie... adieu!..

(Elle sort par la porte du premier plan à gauche.)

SCÈNE XXII.

ROSALIE, puis SÉRAPHINE, JENNY, LAURENCE, LOUISE.

ROSALIE.

En vérité, sa lettre est très bien dictée... et s'il ne revient pas après avoir lu cela...

SÉRAPHINE, entrant avec les autres par la porte de droite.

Allons, mesdemoiselles, tout est disposé pour le départ, il n'y a plus qu'à fermer le magasin.

JENNY.

Mais il nous manque encore notre cavalier.

SÉRAPHINE.

Et ce n'est plus le même, à ce que m'a dit Laurence?

LAURENCE.

Non, c'est ta connaissance du bateau à vapeur.

SÉRAPHINE.

Il paraît que l'attentif de cette Clotilde s'est évaporé?.. Mais, à propos, où est-elle donc cette merveille invisible?..

ROSALIE.

Elle est ici près, à la poste, elle va revenir.

SÉRAPHINE.

A la bonne heure.

JENNY.

Dis-donc, Séraphine, ton doucereux compagnon de route se fait bien attendre.

LAURENCE.

Le voici!

SCÈNE XXIII.

LES MÊMES, POMARET.

SÉRAPHINE.

Arrivez donc, monsieur! Ce n'est pas bien d'être en retard avec le sexe.

POMARET.

Pardonnez-moi, mes belles demoiselles!.. je viens d'être arrêté par la foule sur le quai.

SÉRAPHINE.

Qu'est-ce qu'il y avait donc?

POMARET.

Une jeune fille qui venait de se jeter à l'eau.

TOUTES.

Ah! mon Dieu!..

ROSALIE, vivement.

Une jeune fille?.. Sait-on qui?

POMARET.

On dit que c'est une ouvrière.

ROSALIE.

Une ouvrière?.. Oh! si c'était!..

TOUTES.

Qui donc?

ROSALIE.

Clotilde!

TOUTES.

Clotilde!..

ROSALIE.

Oui... oui... Cette lettre... Ah! qui aurait pu croire?....

SÉRAPHINE, à Pomaret.

Mais on l'a sauvée?

POMARET.

Eh! vraiment non... on en désespérait même., car le courant l'entraînait sous un navire qui va mettre à la voile pour Cadix... et, ma foi...

TOUTES.

Ah! courons! courons!..

(Elles se précipitent toutes vers le fond; la musique, qui a accompagné cette scène en trémolo depuis l'entrée de Pomaret, finit par un forté, et la toile tombe.)

FIN DU PREMIER ACTE.

ACTE II.

Le théâtre représente un salon chez M, Duresnel, à Paris. Porte au fond, conduisant à l'extérieur; Une porte à droite de l'acteur, une à gauche.

SCÈNE I.

SÉRAPHINE, entrant par le fond, à la cantonnade.

Merci, j'attendrai dans ce salon. (Elle entre.) Me voilà donc chez ce riche M. Duresnel, le père de cet excellent M. Arthur!.. Ah! il ne ressemble guère à son hypocrite de cousin, celui-là! Monstre de Pomaret, avec ses airs de sainte nitouche!.. Et je m'y suis laissée prendre!.. Ne pas répondre à une seule de mes lettres! Mais je sais que son oncle l'a fait revenir à Paris... et nous allons voir ce qu'il fera, quand je lui dirai : « Athanase Pomaret!.. Celle que tu nommais ta Séraphine, cette ouvrière du Hâvre à qui tu avais juré un amour éternel, et qui a eu la bêtise de te croire, est à présent propriétaire, rue Vivienne, à Paris, d'un beau magasin de lingerie et nouveautés! Je viens te rappeler tes sermens. »

Air : De Céline.

Je peux, sans paraître trop vaine,
Maintenant, prétendre à ta main!
J'suis à mon aise, et ma marraine
M'a laissé, dans son magasin,
Tulles brodés, guipures délicates,
Robes, foulards, schalls unis et rayés,
Bonnets, fichus, cols et cravates,
Et je viens les mettre à tes pieds...
J'ai des bonnets et des cravates,
Et je viens les mettre à tes pieds!

S'il résiste à cela, s'il ne m'épouse pas, je le démasque devant son oncle qui le croit un petit saint, et je lui fais une scène!.. Ah! ah!.. il y aura du scandale!

SCÈNE II.

SÉRAPHINE, DURESNEL.

DURESNEL, entrant par la porte à gauche de l'acteur.

Une marchande, m'a-t-on dit... Voyons. voyons!..

SÉRAPHINE, à part.

Oh! oh! un vieux!

DURESNEL.

C'est vous, madame, qui demandez mon neveu Pomaret?..

SÉRAPHINE.

Oui, monsieur.

DURESNEL.

Vous êtes marchande?..

SÉRAPHINE.

De lingerie et nouveautés, ici tout près, *A la Toilette de Vénus.*

DURESNEL, à part.

Sans doute une attention de mon neveu, pour ces cadeaux que je veux faire à ma future belle-fille. Charmant garçon, qui pense à tout!..

SÉRAPHINE.

On aurait beau chercher dans les douze arrondissemens de Paris, monsieur, on ne trouverait pas certainement un magasin mieux achalandé que le mien, des femmes de députés, de pairs de France, de ministres!..

DURESNEL.

Très bien!.. Je vois que mon neveu a la main heureuse.

SÉRAPHINE, à part.

Il peut s'en flatter, le scélérat!..

DURESNEL.

Il me faut, pour aujourd'hui même, un assortiment complet de schalls, broderies, dentelles, etc., je compte dépenser six mille francs au moins, parce qu'un homme qui s'est fait faire baron!.. qui va aux bals des ministres...

SÉRAPHINE.

Une commande de six mille francs!

DURESNEL.

Mais je veux tout ce que vous avez de mieux!

SÉRAPHINE.

Comment donc, monsieur... (A part.) Six mille francs!.. Doucement, je ferai une scène plus tard.

DURESNEL.

Vous êtes en mesure?

SÉRAPHINE.

Parfaitement, monsieur...

DURESNEL.

Le baron!.. Dites le baron... ça ne peut pas nuire.

SÉRAPHINE.

Très volontiers, monsieur le baron...

DURESNEL.

Songez que je me connais en parures... Un homme qui va chez les ministres.

SÉRAPHINE.

Oh! je ne crains rien.

Air : de la Fiancée.

Mon zèle et mes talens;
Sont connus des chalands;
C'est à moi que nos dames s'adressent;
Aussi, soir et matin,
Près de mon magasin,
Les voitures en foule se pressent!
Je fournis, chaque jour,
Et la ville, et la cour;
Bien des attraits passés,
Par moi, sont remplacés.
Que de femm's, entre nous,
Me doivent des époux!
Mon zèle et mes talens
Sont connus des chalans;
Et chacun sait comment je travaille...
Par mon art fortuné

Le temps est enchaîné,
J'amincis, je redresse une taille;
J'embellis,
J' rajeunis...
Le tout à juste prix.

DURESNEL.

A la bonne heure!.. je m'en rapporte à vous.

SÉRAPHINE, à part.

Renfonçons ma colère: il ne faut pas perdre six mille francs pour un amant... ça ne vaut pas ça!..

DURESNEL.

Eh bien!..

SÉRAPHINE.

Pardon, excuse!.. je cours à mon magasin, et je reviens avec tous ce que vous désirez, Monsieur...

DURESNEL.

Le baron!..

SÉRAPHINE.

Le baron!.. (A part en sortant.) Je rattraperai mon perfide, après la fourniture. (Elle sort.)

SCÈNE III.

DURESNEL, puis POMARET

DURESNEL, seul un instant.

Allons, c'est toujours ça de fait, et j'espère que monsieur mon fils... (A Pomaret, qui entre par une porte latérale.) Ah! arrive, mon neveu, il faut que je cause avec toi.

POMARET.

A vos ordres, mon cher oncle.

DURESNEL.

Il y a deux ans, je t'ai envoyé au Hâvre pour tâcher d'enlever mon fils à des amours de grisette qui me désolaient.

POMARET.

Et je me flatte d'avoir joliment réussi!..

DURESNEL.

Aussi, je tiendrai ma parole: je fais plus; au lieu de cinquante mille francs que je t'avais promis, je t'en donnerai cent, si tu décides ton cousin à conclure le mariage que j'ai arrangé pour lui depuis si long-temps.

POMARET.

Cent mille francs!.. Il épousera, mon oncle, il épousera.

DURESNEL.

Je t'ai fait revenir du Hâvre pour que tu lui donnes de bons conseils; je connais tes principes, ta moralité, ta sagesse...

POMARET.

Vous êtes bien bon, mon oncle.

DURESNEL.

Tu sais que mon pauvre ami Ribera, qui s'était marié à Cadix, il y a plus de vingt ans, et que je n'ai pas revu depuis cette époque, n'avait eu qu'une fille de son mariage, et qu'il m'avait demandé pour elle la main de mon fils? Je m'étais empressé de souscrire à cet arrangement, parce qu'une héritière de soixante mille francs de rentes, ça ne se trouve pas tous les jours.

POMARET.

Et c'est bien dommage.

DURESNEL.

A l'époque où je t'envoyai au Hâvre, Ribera se disposait à m'amener ma future bru, et à venir s'établir en France, parce qu'étant veuf, rien ne le retenait plus en Espagne; différens obstacles le retardèrent, et il y a quinze mois, au moment de se mettre en route, il est mort presque subitement.

POMARET.

Ce qui l'a empêché d'exécuter son projet.

DURESNEL.

Mais cela n'a rien changé à nos arrangemens. Les affaires de la succession, le deuil, ont retenu sa fille Inès à Cadix; mais enfin elle est arrivée hier soir chez moi, conduite par maître Marcos, l'homme de confiance de mon vieil ami... Et mon fils s'était absenté!.. J'ai prétexté qu'il était allé au-devant d'elle... Malheureusement je connais les motifs de sa résistance à mes desseins.

POMARET.

Comment?.. Est-ce que ce serait encore cette Clotilde qui s'est jetée à l'eau il y a deux ans?

DURESNEL.

Tout juste!.. il prétend qu'il est la cause de sa mort; qu'il veut rester fidèle à sa mémoire; qu'il ne se mariera point...

POMARET.

Diable!.. voilà une constance rare!..

DURESNEL.

Elle était donc bien jolie, cette grisette?

POMARET.

Je n'en sais rien, mon oncle; je ne l'ai jamais vue.

DURESNEL.

Quand je songe qu'il aurait eu l'infamie de vouloir épouser ça!.. lui, le fils d'un baron, d'un homme qui va chez les ministres!..

POMARET.

En se noyant, elle vous a épargné ce chagrin-là.

DURESNEL.

Mais il n'en résiste pas moins à mes désirs... Quel amour cette couturière lui avait inspiré!

POMARET

En effet, en apprenant sa mort, il a fait une longue maladie.

DURESNEL.

Hélas oui! Pendant trois mois il a été complétement fou!.. Une fièvre cérébrale... un délire perpétuel... Il appelait sans cesse cette Clotilde; il croyait partout la voir; il retrouvait ses traits dans tous les visages de femmes qui s'offraient à lui! Nos soins ont triomphé de la maladie, mais l'amour est resté. Il s'accuse sans cesse; il dit que, dans un cœur déchiré par le souvenir, il n'y a point de place pour l'espérance... Enfin un tas de discours auxquels je ne comprends rien, moi qui suis baron pourtant!.. Et si ton éloquence ne me vient en aide...

POMARET.

Je le persuaderai, mon oncle, je le persuaderai.

DURESNEL.

Tâche, mon neveu, tâche, je t'en prie.

POMARET.

Et puis, l'aspect de sa future, si elle est jolie...

DURESNEL.

Charmante, mon ami, charmante sous son costume andaloux!.. Et, tu ne sais pas?.. c'est le vivant portrait de feu son père, mon pauvre ami Ribera.

POMARET.

Vraiment?

DURESNEL.

Les mêmes traits, le même regard!.. Ah, c'est qu'il y a vingt ans Ribera était un fort joli garçon.

POMARET.

Et votre future bru est une jolie femme?.. Espérons donc!.. Tenez, mon oncle, j'entends Arthur.

SCÈNE IV.

POMARET, DURESNEL, ARTHUR.

DURESNEL.

Vous voilà, monsieur? c'est bien heureux!

ARTHUR, entrant par la porte de gauche.

Je vous cherchais, mon père.

DURESNEL.

Pour vous excuser, sans doute, de la conduite que vous avez tenue hier?

ARTHUR.

Pour vous supplier de ne point ordonner mon malheur, de ne point me contraindre à un mariage que je ne veux pas, que je ne peux pas conclure.

DURESNEL.

Tu ne peux pas?.. malheureux! Désobéir à ton père!.. Refuser une héritière de soixante mille livres de rentes!

POMARET.

C'est une grande immoralité!

DURESNEL.

Et pourquoi, je vous le demande?

ARTHUR.

Parce que mon cœur n'est plus capable d'aimer; parce qu'un horrible événement m'a fait voir toute la force du sentiment que j'éprouvais; parce que l'image de la pauvre innocente fille, que mon amour a tuée, viendrait se placer sans cesse entre moi et celle qu'on veut me donner pour femme.

POMARET, à part.

On n'en fait plus de ce modèle-là.

DURESNEL.

Mon Dieu, j'ai été bien fâché certainement du malheur qui est arrivé; mais tu n'en es pas cause; et, puisqu'il est irréparable...

ARTHUR.

Clotilde avait reçu de moi une promesse sacrée... Eh bien! je resterai fidèle à ce serment!

DURESNEL.

Un serment! un serment!.. Ah, si tu avais voulu venir avec moi chez les ministres!..

ARTHUR.

Je vous en prie...

DURESNEL.

Écoute-moi, mon cher Arthur: je n'exige de toi qu'une chose.

ARTHUR.

Parlez, mon père.

DURESNEL.

C'est bien simple, mon pauvre garçon: je te demande seulement de voir la femme qu'on te destine!.. Si, franchement et la main sur la conscience, tu peux me jurer qu'elle te déplaît, eh bien, malgré mon chagrin, je renoncerai à ce mariage... Mais, dans le cas contraire, tu ne pourras plus me résister.

ARTHUR.

Je la verrai, mon père, et je vous assure d'avance qu'elle me déplaira.

(Il va se placer près d'une table à gauche et lit un journal).

DURESNEL.

Ça n'est pas sûr!.. Patience, patience!.. (A demi-voix à Pomaret). Battons le fer pendant qu'il est chaud!.. Cours vite chez mon notaire, et qu'il vienne le plus tôt possible.

POMARET.

J'y vais, mon cher oncle!.. (A part en souriant). Cent mille francs pour moi!.. Oh! il faut qu'il épouse!

SCÈNE V.

MARCOS, DURESNEL, ARTHUR.

MARCOS, entrant par la porte de droite.

Monsieur Duresnel, j'ai l'honneur de vous saluer ainsi que la compagnie.

DURESNEL.

Bonjour, maître Marcos: comment avez-vous passé la nuit?.. Êtes-vous remis de vos fatigues?

MARCOS.

De la fatigue?.. pour avoir couru la poste dans une bonne berline?.. Ah bien, excusez!.. Si j'avais toujours voyagé comme ça, je ne jurerais pas si souvent après mes rhumatismes.

DURESNEL.

En effet, vous avez terriblement couru pour les affaires de notre pauvre Ribera?

MARCOS.

Dans les quatre parties du monde: voilà tout!

AIR: T'en souviens-tu.

Après trente ans, où, dans le même asile,
Nous partagions chagrin, plaisir, ennui,
Sur cette terre, où son trépas m'exile,
J'espérais bien ne pas rester sans lui!
Mais il m'a dit, hélas je crois l'entendre:
« Près de ma fille, ami, remplace-moi!
Pour me rejoindre, il faut encore attendre;
Car ici bas on a besoin de toi! »

DURESNEL.

Et dites-moi, maître Marcos, notre jolie voyageuse est-elle reposée?

MARCOS.

Fraîche comme la rose, monsieur Duresnel!.. Mais vous allez en juger vous-même, car voici la porte de son appartement qui s'ouvre.

SCÈNE VI.

MARCOS, INÈS, entrant par la porte de droite; DURESNEL, ARTHUR, occupé à lire près de la table à gauche.

DURESNEL, allant au-devant d'Inès.

Approchez, ma belle demoiselle, et venez faire connaissance avec une famille qui, je l'espère, sera bientôt la vôtre.

INÈS.

Je suis reconnaissante de vos bontés, monsieur.

DURESNEL.

Il faut d'abord que je vous présente mon fils.

INÈS, à part.

Oh! comme mon cœur bat!

MARCOS, bas à Inès.

De la force! et songez à la nécessité de feindre. (Pendant cet à-parté, Inès a été amenée par Duresnel vers Arthur.)

ARTHUR, la regardant.

Ciel! est-ce une vision?

DURESNEL.

Eh bien, Arthur?

INÈS, à part.

Oh! qu'il faut de courage!

ARTHUR, à demi-voix.

Mon père, mon père, c'est elle!..

DURESNEL, de même.

Qui? elle!..

ARTHUR, de même.

C'est Clotilde!

DURESNEL, de même.

Malheureux! ta folie va-t-elle te reprendre?

ARTHUR, de même.

Ma folie!..

DURESNEL, de même.

Te voilà comme tu étais... voyant partout cette fille?..

ARTHUR, à lui-même.

Ah!.. en effet... je me souviens... ma pauvre tête... mais pourtant...

DURESNEL, à demi-voix.

Reviens à la raison!.. C'est la fille de mon vieil ami Ribera.

ARTHUR, de même.

Elle!.. la fille de?..

DURESNEL, de même.

Pas moyen d'en douter! la ressemblance est si frappante!

ARTHUR, à lui-même

La ressemblance!..

INÈS, à part.

Pauvre Arthur!

MARCOS, à part.

Venons à son aide!.. (Haut.) Dites donc, jeune homme, vous restez là en place, comme le Saint-Nicolas de bois qui était à la poupe de notre dernier batiment!.. Est-ce comme ça qu'on fait sa cour à sa fiancée, dans ce pays-ci?

ARTHUR, à part.

Oh! oui... ce long délire... Clotilde n'est-elle pas morte? (Haut en passant entre Duresnel et Inès.) Pardonnez-moi mon trouble!.. mais il me semble que mademoiselle elle-même, qui baisse les yeux et garde le silence...

MARCOS.

Que diable voulez-vous qu'elle dise! Quelle jeune fille ne serait pas embarrassée en se voyant dévisager de la sorte?.. (Bas à Inès.) Parlez donc?

INÈS.

Ma tournure, mon costume, tout paraît étrange sans doute à monsieur Duresnel? accoutumé à l'élégance des dames de Paris, que peut-il penser d'une fille bien simple... qui arrive de Cadix?

ARTHUR.

Ah! il pense... Il ne sait que penser!

INÈS.

Il ne faut pas être trop sévère pour moi.

Air : A la grâce de Dieu. [illegible]

A Paris, on dit qu'une femme
Se forme vite?.. En vérité,
Je sens que, dans le fond de l'âme,
J'ai de la bonne volonté!
Pour mon maintien, pour mon langage,
Puisse-t-on être bienveillant!..
Je suis à mon apprentissage,
Et répète, hélas, en tremblant:
Il faut plaire en ce lieu;
A la grâce de Dieu!
Eh bien! à la grâce de Dieu!

ARTHUR, à part en reprenant le coin à gauche de l'acteur.

Nulle émotion sur son visage!.. Ma raison m'a-t-elle pour jamais abandonné?

DURESNEL.

Allons, allons, j'espère, ma belle enfant, que vous n'aurez pas trop de répugnance à devenir ma fille.

INÈS, vivement.

De la répugnance?.. Oh! monsieur!..

DURESNEL.

Vous n'en avez pas?.. Bravo!

INÈS, se reprenant sur un signe de Marcos.

Mon père a ordonné ce mariage; et à Cadix on a l'habitude d'obéir à son père.

DURESNEL.

Je me flatte qu'on prendra cette habitude-là à Paris.

ANDRÉ, entrant par le fond.

M. le baron, une marchande que vous avez demandée est là avec deux filles de boutique qui portent des cartons.

DURESNEL.

Bien, bien, qu'elle entre tout de suite. (André sort.) C'est pour vous, ma chère bru... vous ne pouvez pas garder ici votre costume andaloux, et j'y ai pourvu.

INÈS.

Que vous êtes bon, monsieur!

SCÈNE VII.

MARCOS, INÈS, SÉRAPHINE, ARTHUR.

SÉRAPHINE, à la cantonnade.

Attendez là, mesdemoiselles. (A Duresnel.) Me voilà, M. le baron... je n'ai pas été long-temps comme vous voyez, et j'apporte tout ce qu'il y a de mieux en fait de robes, collerettes, dentelles et guipures.

DURESNEL.

C'est à merveille!

SÉRAPHINE, à part.

Mon perfide n'est pas là, tant mieux!.. Il faut me modérer jusqu'à ce que j'aie livré la marchandise.

DURESNEL.

Tâchez que vos parures soient dignes de celle qui doit les porter.

SÉRAPHINE.

M. le baron, je suis sans inquiétude, et si mademoiselle s'y connait?.. Ah! je vois à son costume que mademoiselle est écossaise.

MARCOS.

Espagnole, si vous voulez bien le permettre.

SÉRAPHINE.

Écossaise, espagnole... c'est la même chose.

DURESNEL.

Allons, il ne faut pas perdre de temps pour

essayer à ma chère bru les robes que vous avez apportées.

SÉRAPHINE.

Tout de suite, M. le baron... mes demoiselles de magasin sont restées dans l'antichambre avec leurs cartons.

DURESNEL.

Je vais donner l'ordre de les conduire chez ma belle-fille. (Il va au fond et disparait un instant.)

ARTHUR, tirant Séraphine d'un côté et à demi-voix.

Séraphine, il y a deux ans, vous étiez ouvrière chez Mme Delatour au Hâvre ?

SÉRAPHINE.

Oui monsieur.

ARTHUR.

Vous y avez connu Clotilde ?

SÉRAPHINE.

Non ; je ne l'avais pas vue ; elle s'est noyée le jour de mon retour de Paris. Pauvre fille !

ARTHUR.

Ah !

(Ils continuent à parler bas en marchant vers le fond.)

MARCOS, de l'autre côté, à demi-voix, à Inès.

Songez à votre serment.

INÈS, de même.

Oh ! mon ami comme c'est cruel et difficile !

MARCOS, de même.

Quand je vous tirai de l'abîme où vous vouliez mourir, et que je vous emportai sur mon navire à Cadix, votre père exigea que vous ne révéliez jamais ses torts envers votre mère et vous.

INÈS, de même.

Je me tairai.

DURESNEL, revenant en scène.

Ma jolie bru, vous trouverez chez vous tout ce que je vous destine.

INÈS.

Combien je vous remercie.

ENSEMBLE.

AIR : Fragment du Final du premier acte de FRA DIAVOLO.

MARCOS, DURESNEL.

Dans votre chambre, il faut vous rendre ;
Vous essairez tous ces atours.
La beauté n'en peut rien attendre ;
Qu'importe ! elle en use toujours.

INÈS.

Oui, dans ma chambre, il faut me rendre ;
Là, j'essairai tous ces atours :
La beauté n'en peut rien attendre.
Qu'importe ! elle en use toujours.

SÉRAPHINE.

Dans votre chambre, il faut vous rendre ;
Nous essairons tous ces atours.
La beauté n'en peut rien attendre,
Qu'importe ! elle en use toujours.

INÈS.

Venez donc, suivez-moi, madame la marchande.

SÉRAPHINE.

Pour confondre un perfide, il faudra que j'attende.

INÈS.

A vos talens, ici,
J'ai recours, songez-y.

SÉRAPHINE.

La nature, pour vous
Aura fait plus que nous.

REPRISE DE L'ENSEMBLE.

(Elles sortent par la porte de droite.)

SCÈNE VIII.

POMARET, MARCOS, DURESNEL, ARTHUR.

ARTHUR, à part.

Mon dieu ! que dois-je penser ?.. que faut-il croire ?

POMARET, entrant par le fond.

Mon cher oncle, votre notaire sera ici dans deux heures.

DURESNEL.

Très bien, mon neveu, merci !

ARTHUR.

Le notaire !.. et pourquoi ?

DURESNEL.

Parbleu !.. pour dresser ton contrat de mariage !

ARTHUR.

C'est inutile, mon père, je ne me marierai pas.

DURESNEL.

Tu ne te marieras pas ?

MARCOS.

Que signifie cela, jeune homme ?

POMARET, à part.

Me faire perdre cent mille francs !.. quelle indélicatesse !

DURESNEL.

Oh ! c'est trop fort !.. je voudrais bien savoir monsieur, ce que vous trouvez à redire à cette jeune personne ?

ARTHUR.

Oh ! rien, mon père, rien !

DURESNEL.

N'est-elle pas charmante ?

ARTHUR, avec expression.

Oui, charmante.

DURESNEL.

Eh bien ?

ARTHUR.

Eh bien, mon père, c'est cette beauté même qui est un obstacle.

DURESNEL.

Plaît-il ?.. C'est sa beauté ?.. tu te plains de ce que la mariée est trop...

ARTHUR.

Vous prétendez tous que c'est une vision, un délire, une folie !.. et moi-même, la tête affaiblie par une maladie cruelle, en proie à une préoccupation de tous les momens, que puis-je dire ?... mais si vous saviez ce qui se passe dans mon cœur ! ce que son aspect m'a rappelé ?

DURESNEL.

Encore !

ARTHUR.

Ces beaux yeux qui laissaient tomber sur moi de doux regards, je les contemplais avec ivresse ; mais je les voyais baignés de larmes !

DURESNEL.

Qu'est-ce qu'il dit, mon dieu ?.. qu'est-ce qu'il dit !

ARTHUR.

Cette bouche charmante qui m'adressait de gracieuses paroles, il me semblait à chaque instant qu'elle allait s'ouvrir pour me répéter le serment que j'ai prononcé.

DURESNEL.

Est-ce qu'il faudra recommencer les douches ?

ARTHUR.

Oui, cette femme qui était là tout à l'heure, je l'aime !... je l'adore !

DURESNEL.

C'est tout ce qu'on te demande !

ARTHUR.

Mais non pas telle qu'elle s'offre à moi, riche et heureuse, souriante et gaie !.. Je la vois victime d'une abominable perfidie, mourant parce qu'elle m'a aimé !

DURESNEL.

J'ai été au théâtre de l'Ambigu, j'ai été au théâtre de la Porte-Saint-Martin : Certes, j'ai entendu bien du galimathias; mais je veux être pendu si j'en ai jamais écouté du plus incompréhensible !..

POMARET.

Dam ! mon oncle, ça ne me paraît que trop clair !.. Il refuse d'épouser... (A part.) et ça me coûtera cent mille francs !

MARCOS.

Ah ! M. Arthur réfléchira !

ARTHUR.

Mon parti est pris, monsieur !

DURESNEL.

Ah ! oui-dà !.. Alors, je prends le mien aussi, moi !.. Écoute bien : j'ai promis à mon ami Ribera qu'un mariage unirait nos fortunes, que sa fille entrerait dans ma famille... Eh ! bien, si ta folie te reprend, si tu refuses, sans raison, de m'obéir, c'est mon neveu Pomaret, c'est ton cousin qui accomplira ma promesse !..

MARCOS.

Hein ?..

POMARET.

Qu'est-ce que vous dites, mon oncle ?

DURESNEL.

Je dis que la charmante Inès, et ses soixante mille livres de rente seront pour toi !..

POMARET, à lui-même.

Oh ! oh !..

MARCOS, à part.

Par exemple !.. En voilà une idée de baron !

POMARET, à part.

Diantre !.. ceci change furieusement la thèse !..

MARCOS.

Écoutez donc, M. Duresnel, écoutez donc !..

DURESNEL.

Non, maître Marcos, non !.. Je n'écouterai rien !.. Je me lasse d'avoir affaire à un fou. Vous voyez en moi le père le plus furieux, le baron le plus exaspéré !.. Ribera m'a remis tous ses droits sur sa fille... et il en sera ce que j'ai dit !

MARCOS.

Doucement ! doucement !.. (A Arthur.) que diable, jeune homme, réfléchissez un peu ! Voyez donc (Montrant Pomaret.) à quoi vous exposez cette pauvre enfant, qui ne vous a jamais fait de mal !..

POMARET.

Qu'est-ce à dire !..

MARCOS.

Pourriez vous bien avoir si mauvais cœur !.. Corbleu !.. quand ce ne serait que par charité !..

POMARET, à part.

Malhonnête !..

DURESNEL.

Et je dénaturerai ma fortune, et elle sera pour ton cousin... et tu n'auras rien de moi !.. Ah ! si fait ! tu auras ma malédiction !..

ARTHUR.

Mon père... (Il va s'asseoir à gauche et ne prend plus part à ce qui se dit.)

SCÈNE XI.

POMARET, MARCOS, INÈS, DURESNEL, ARTHUR.

INÈS, entrant par la droite.

Qu'entends-je ?.. Oh ! monsieur, arrêtez !..

DURESNEL.

Venez, venez, mon enfant !.. C'est vous qui serez ma fille... ma fille chérie !.. mon héritière... L'extravagant qui me résiste, et vous refuse, ne sera plus rien pour moi !

INÈS.

Monsieur, je vous en prie, appaisez-vous !..

DURESNEL.

Quand je pense que c'est parce qu'il aimait une grisette, une bâtarde, qu'il repousse une femme charmante !.. Quand je pense qu'il avait le front de vouloir faire entrer ça dans ma famille !

INÈS, à part.

Cher Arthur !..

DURESNEL.

Une fille, qui aurait été couturière, devenir la bru d'un baron !.. Cette idée-là me donnerait une attaque d'apoplexie !..

MARCOS, bas à Inès.

Vous l'entendez ?

INÈS, de même.

Oh ! oui... (Haut.) Monsieur, si j'osais vous supplier de m'écouter...

DURESNEL.

Parlez, chère enfant, parlez !..

INÈS, l'attirant vers la droite, et à demi-voix.

Il m'est bien cruel de voir monsieur votre fils encourir ainsi votre colère à cause de moi... Je tremble de ce que je vais vous demander ; mais peut-être, si vous consentiez à me laisser quelques momens seule avec lui...

DURESNEL.

Ah ! au fait, vous avez votre part dans l'offense.

POMARET, à part.

Diable !.. si elle allait le faire changer d'avis !.. C'est que je n'entends pas qu'il l'épouse à présent !.. Soixante mille livres de rente !..

(Il passe à la gauche de Duresnel.)

INÈS.

M. Arthur ne me connaît pas ; moi, je ne suis pas instruite des motifs qu'il peut avoir... et il serait possible qu'en nous expliquant...

DURESNEL.

Oui, oui !.. c'est possible !..

POMARET, à demi-voix.

Permettez, mon oncle... il me semble que les bienséances... qu'un tête-à-tête !..

DURESNEL, de même.

Laisse donc !.. elle est si gentille !.. ça peut tout arranger... et j'aimerais bien mieux ça !..

POMARET, à part.

Oui, mais je ne l'aimerais pas mieux, moi !..

MARCOS.

Allons, M. Duresnel, notre chère Inès a raison !.. Laissons ces jeunes gens ensemble... j'ai dans l'idée que c'est le parti le plus simple et le meilleur !

INÈS, allant vers Arthur qui se lève.

AIR : de l'Artiste.

A ma timide instance
Monsieur se rendra-t-il ?

Près de moi sa constance
Ne court aucun péril.
De lui je sollicite
Un moment d'entretien ;
Une heure passe vite,
Et ça n'engage à rien.

ARTHUR.

Oh ! mademoiselle !

DURESNEL, bas à Inès.

Faites tous vos efforts pour le séduire...

INÈS.

Je vais tâcher !

MARCOS, bas à Inès.

Ne vous trahissez pas !

INÈS.

Il le faut bien.

POMARET, à part.

J'interromprai le tête-à-tête !

(Ils sortent tous trois par le fond.)

SCÈNE X.

INÈS, ARTHUR.

ARTHUR, à part, l'examinant.

Seul avec elle !.. il me semble que deux années ont disparu comme un mauvais rêve ; que je me réveille au Hâvre, dans ce magasin, où je devais à son amour tant de bonheur et tant d'espérances !..

INÈS.

Ah ça ! monsieur, voyons : je vous ai demandé un moment d'entretien ; ce n'est pas pour que nous restions ainsi à ne rien nous dire... Qu'est-ce que vous faites là, s'il vous plaît ?

ARTHUR, vivement.

Clotilde !..

INÈS, réprimant un mouvement.

Eh bien ! à qui en avez-vous donc ?..

ARTHUR.

Pourquoi feindre ? pourquoi vouloir me tromper ? Clotilde... c'est toi !..

INÈS.

Je me nomme Inès, monsieur.

ARTHUR.

Monsieur !.. Ah ! ce n'est donc pas elle ?.. ils ont donc raison ?.. Je suis fou !.. oui... je l'ai été !..

INÈS.

Monsieur, écoutez-moi !.. Si ce n'était pour M. votre père, qui est si bon, et que vous affligez ; si ce n'était pour calmer sa colère, et vous conserver son héritage, certes, je ne tenterais pas la démarche, inconvenante peut-être, que je me permets aujourd'hui. Mais il faut bien faire quelque chose pour une famille où l'on m'accueille avec tant de bienveillance... excepté vous, pourtant !

ARTHUR.

Excepté moi ?..

INÈS.

Sans doute !.. Vous êtes bien décidé à ne pas m'épouser, monsieur ?..

ARTHUR.

Hélas ! ce n'est pas ma faute.

INÈS.

Mais ce n'est pas la mienne non plus !.. D'après le portrait qu'on m'avait fait de vous, j'arrivais à Paris, si bien disposée à obéir aux ordres de mon père !.. Je vous déplais donc beaucoup, monsieur ?..

ARTHUR.

Me déplaire ?.. vous !.. Est-ce que c'est possible ?

INÈS.

Dam !.. il paraît !.. Sans cela, quelle raison auriez-vous de braver le courroux de M. Duresnel, de résister à ses désirs et à ses ordres ?..

ARTHUR.

Quelle raison ?.. Ah !.. si j'osais vous la dire !..

INÈS.

Osez, monsieur, osez !.. Je ne suis pas méchante... et je vous écoute !

ARTHUR.

Il me semble, il est vrai, que c'est encore à elle que je m'adresse !.. il me semble que c'est elle qui m'entendra quand je vous dirai : « C'est Clotilde que j'aimais. La première, elle a fait battre mon cœur !.. Elle a reçu mes sermens, et je lui resterai fidèle ! »

INÈS, à part.

C'est ce que nous allons voir ! (Haut.) Ah ! elle se nommait Clotilde, cette... grisette dont parlait monsieur votre père ?..

ARTHUR.

Aux yeux du monde, sans doute, son état et sa naissance la séparaient de moi ; mais si vous saviez comme cette distance était effacée par la noblesse de son caractère, par la touchante bonté de son cœur, par le charme de sa personne !..

INÈS, à part.

C'est pourtant gentil de s'entendre dire tout cela ! (Haut.) Et... elle était jolie ?..

ARTHUR.

Quand je vous regarde, je crois la voir !

INÈS.

Bah !.. est-ce que, par hasard, je lui ressemblerais ?..

ARTHUR.

C'est à confondre toutes les idées !

INÈS.

En vérité ?..

ARTHUR.

C'est au point que je me figure que je suis encore à côté d'elle ; qu'elle va prendre son aiguille, se placer là, et broder !.. qu'elle va me tendre sa jolie main, en jetant sur moi un long et doux regard, et me dire : « Arthur, je n'ai jamais aimé que vous ; c'est vous que j'aimerai toujours !.. »

INÈS, à part.

Ah ! j'en aurais bien envie !..

ARTHUR.

Tout cela est-il donc un rêve de mon imagination en délire ?.. est-ce une suite de cette fièvre brûlante qui m'a si long-temps obsédé ?..

INÈS.

Il paraît !.. car je ne sais pas broder, moi ; je ne peux pas vous tendre ma main, puisque vous l'avez refusée, et je ne peux pas vous dire que je vous aimerai toujours, puisque vous ne voulez pas m'aimer !..

ARTHUR.

Je ne veux pas !..

INÈS.

Et je vous avouerai naïvement que c'est dommage!.. car, lorsqu'on me parlait du mari qui m'était destiné, je me disais : « C'est un jeune homme élevé à Paris, dans le centre de tous les arts; s'il prend une femme en Espagne, il faut tâcher, du moins, qu'il n'ait pas trop à regretter!.. Et je travaillais... je travaillais!.. la musique surtout!..

ARTHUR.

Vous êtes musicienne!..

INÈS.

Mais oui!.. on trouve même que je ne chante pas trop mal.

ARTHUR.

Oh! que je voudrais vous entendre!

INÈS.

Pourquoi non?.. Parce que vous ne voulez pas m'épouser, ce n'est point une raison pour ne pas chanter devant vous. Tenez, voici une chanson de mon pays!.. C'était pour vous que je l'avais apprise, monsieur... elle servira pour un autre!

ARTHUR.

Pour un autre!..

INÈS.

Il faut bien que ça serve à quelqu'un! mais je ne serai pas fâchée d'avoir votre avis. Ecoutez:

AIR : Un beau pêcheur. (DOCHE.)

Sainte patronne, je t'implore,
Exauce-moi du haut des cieux!
De l'ingrat, qu'en secret j'adore,
Touche le cœur, ouvre les yeux!

Ainsi chantait, d'une voix douce,
Une Andalouse à l'œil mutin.
Celui qu'elle aime la repousse;
L'insensé refuse sa main!
Elle s'afflige et s'inquiète,
Mais, parfois, renaît son espoir,
Quand, le matin, fraîche et coquette,
Elle interroge son miroir.

Sainte Patronne, etc.

On dit pourtant qu'elle est gentille,
Celle qu'il ose repousser;
Que, sous les plis de sa mantille,
L'œil aimerait à se glisser;
Qu'une grâce, toujours nouvelle,
Ajoute encore à ses appas :
Ce que chacun admire en elle,
Pourquoi donc ne le voit-il pas?

Sainte patronne, je t'implore,
Exauce-moi du haut des cieux!
De l'ingrat, qu'en secret j'adore,
Touche le cœur, ouvre les yeux!

ARTHUR.

Quelle voix charmante!..

INÈS, à part.

Il me semble que ça commence à venir!.. (Haut.) Merci!.. Je vous crois. car vous n'avez point de motifs pour me flatter... vous qui ne m'aimez pas!.. vous qui en aimez une autre!

ARTHUR.

La fidélité à de solennels engagemens, n'est-elle pas un devoir sacré?

INÈS, à part.

Ah! ce n'est déjà plus qu'un devoir! (Haut.) Je peux donc être sûre qu'on ne se moquera pas de moi, à Paris?

ARTHUR.

Se moquer de vous!.. Ah! vous savez bien que tous les hommages vous attendent, et que vous n'aurez qu'à paraître pour conquérir tous les cœurs.

INÈS.

Je n'en voudrais conquérir qu'un!..

ARTHUR.

Quelquefois on trouve plus qu'on ne cherche.

INÈS.

Mais on ne prend que ce qui plaît.

ARTHUR.

Et ce qui vous plairait?..

INÈS.

Ce ne sont point ces succès éclatans dont vous pourriez me croire avide!.. Car, voyez-vous bien, M. Arthur, ces talens frivoles que vous exaltez beaucoup trop, s'ils flattent la vanité, ils ne peuvent rien pour le bonheur. Ce n'est point au milieu des fêtes, des brillantes réunions, que le place ma pensée.

ARTHUR.

Que de charme dans cette précoce raison!

INÈS.

Le bonheur pour moi serait dans une douce et paisible retraite, près de celui que j'aimerais et dont je serais aimée. Entourés des heureux que nous ferions, jouissant des biens que nous aurait accordés le ciel, consolant les maux que nous ne pourrions réparer, doublant les plaisirs en les partageant, nous laisserions s'écouler ainsi la vie, qu'embelliraient les arts, l'amitié et un peu d'amour.

ARTHUR.

Ah! votre âme est donc aussi belle que vos séductions sont puissantes.

INÈS, à part.

Ça vient!.. ça vient!.. (Haut.) C'est là le rêve que j'ai toujours fait, et je vous montrerai le dessin que j'ai tracé de l'habitation où je voudrais fixer le bonheur.

ARTHUR.

Vous dessinez? Ah! mon Dieu!.. Vous avez donc tous les talens?

INÈS.

Vous verrez quel site délicieux j'ai choisi! Comme cette maison est élégante dans sa simplicité!.. Je m'y suis placée moi-même, des pinceaux à la main; mais, pour que le tableau soit complet, il y manque quelqu'un.

ARTHUR.

Dites un mot, et il n'y manquera plus rien!

INÈS.

Vous avouerez que pour mon début, je n'ai pas eu la main heureuse.

ARTHUR.

Qu'en savez-vous?..

INÈS.

C'est vous qui me le demandez?..

AIR : En vérité je vous le dis. (BÉRAT.)

Mais vous avez raison pourtant,
Je ne dois pas perdre courage;
Vous m'accordez votre suffrage?
Déjà mon cœur est plus content.
Lorsqu'au bonheur j'ose prétendre,
Le ciel un jour m'exaucera!..
Peut-être il faut encore attendre?
Mais j'espère que ça viendra.

ARTHUR.

Qui vous dit que ce n'est pas venu?..

INÈS.

Hein?..

ARTHUR.

Qui vous dit que sans le savoir, sans le vouloir peut-être, vous n'avez pas changé un cœur, triomphé de pénibles souvenirs, effacé de cruels regrets?

INÈS, à part.

Oh! pauvre Clotilde!..

ARTHUR.

Si tout cela était vrai, que diriez-vous, Inès?

INÈS, à part.

Inès tout court!.. Déjà!.. Ces vilains hommes!.. voyez donc à quoi tient la constance du plus fidèle!..

ARTHUR.

Vous ne me répondez pas? Ah! vous m'en voulez sans doute de ma franchise?.. L'aveu que je vous ai fait a dû vous blesser?..

INÈS.

Me blesser?.. (A part.) Il faudrait avoir un bien mauvais caractère.

ARTHUR.

Mais non!.. Car vous êtes aussi bonne que vous êtes jolie!

INÈS, à part.

Allons donc!.. Allons donc!..

ARTHUR.

Et si je vous disais que vous avez bouleversé toutes mes idées, que je ne comprends plus ce qui se passe dans ma tête et dans mon cœur!..

SCÈNE XI.

INÈS, ARTHUR, POMARET.

POMARET, entrant vivement.

Mon cousin, mon cousin!

ARTHUR.

Ah!..

INÈS, à part.

Comme il arrive mal à propos!

POMARET, à part.

Je crois qu'il était temps!..

ARTHUR.

Que me veux-tu?..

POMARET.

J'ai quelques mots à te dire en particulier.

ARTHUR.

A moi!..

POMARET.

Oui, sur un sujet qui t'intéresse.

INÈS.

Je me retire et vous laisse ensemble!

POMARET.

Vous pardonnez, mademoiselle?..

ARTHUR.

J'aurai le bonheur de vous revoir?

INÈS.

Oui, sans doute! (A part, en sortant par la porte de droite.) C'est dommage... ça allait si bien!..

SCÈNE XII.

ARTHUR, POMARET.

POMARET, à part.

Il n'y a pas à balancer!.. Diable!.. un mariage de soixante mille livres de rente!.. (A Arthur qui reste toujours tourné du côté où Inès est sortie.) Eh bien! Arthur?..

ARTHUR.

Eh bien! mon cousin, je ne sais plus où j'en suis!.. ou plutôt, tiens, je crois que je suis prêt à me rendre à tes conseils...

POMARET.

Plaît-il?

ARTHUR.

Oui, je me décide... J'obéirai à mon père.

POMARET.

Mais c'est affreux!

ARTHUR.

Comment, affreux?..

POMARET.

Non... non!.. je veux dire...

ARTHUR.

Tant de charmes... de grâces, de talens!..

POMARET.

Et tu oublies ta Clotilde?.. cette intéressante jeune fille?..

ARTHUR.

Hélas!.. elle n'est plus.

POMARET, mystérieusement.

Qui sait?

ARTHUR.

Hein?..

POMARET, à part.

Allons, un bon mensonge!

ARTHUR.

Mais parle donc!.. que veux-tu dire?

POMARET.

Ah! dame! c'est que c'est très délicat!.. Et il faut me promettre de ne dire à personne que c'est moi qui t'ai révélé...

ARTHUR.

Je te le jure.

POMARET.

Eh bien, apprends qu'il se pourrait que Clotilde ne fût pas morte.

ARTHUR.

Grand Dieu!..

POMARET.

On a eu beau plonger, on ne l'a jamais retrouvée.

ARTHUR.

C'est vrai!

POMARET.

Dans le temps où tu en étais amoureux, au Hâvre, un homme la poursuivait de ses soins, de ses attentions, il semblait prendre à elle un grand intérêt; j'ai su cela dans le magasin.

ARTHUR.

Achève, Pomaret, achève!

POMARET.

J'ai su encore qu'il lui avait fait des propositions qu'elle avait repoussées.

ARTHUR.

Cet homme, le connais-tu?

POMARET.

Certainement je le connais... et toi aussi... C'est M. Marcos.

ARTHUR.

Lui!

POMARET.

Lui-même!.. or, raisonnons!.. d'un côté, il voulait que ton mariage avec la fille de son patron

M. Ribera s'accomplît; de l'autre, il était amoureux de Clotilde!.. n'est-il pas possible qu'il l'ait enlevée, et qu'il ait fait courir le bruit de sa mort pour ne plus trouver d'obstacle à son double projet?..

ARTHUR.

Mais cette lettre que j'ai reçue de Clotilde?..

POMARET.

Tracée par une main étrangère, puisqu'elle ne savait pas écrire.

ARTHUR, réfléchissant.

Oh!..

POMARET.

Et note bien que le Marcos a quitté le Hâvre le jour même que Clotilde a disparu!..

ARTHUR.

Oui... oui...

POMARET.

Prends donc garde, mon cher cousin, prends garde! pauvre innocente créature!.. il l'a peut-être expédiée pour la Jamaïque! oh! ça fend le cœur!..

ARTHUR, marchant vivement.

C'est lui qui aurait enlevé Clotilde!.. c'est lui qui amène Inès!.. oh! ma tête bout, mes idées se croisent et se confondent!..

POMARET.

Qu'as-tu donc?

ARTHUR.

J'ai... j'ai... (Lui sautant au cou.) Ah! mon ami.. quel service tu viens de me rendre!..

POMARET.

Pas vrai?.. (A part.) Bon! bon!.. ça le reprend pour la grisette.

ARTHUR.

Je vais!.. je cours!.. Mon Dieu! mon Dieu! permettez que ce soit vrai!..

(Il sort en courant par la porte de droite.)

POMARET, s'adressant à lui.

Et rapelle-toi que la constance est la première des vertus!.. qu'on doit tout sacrifier, pour tenir ses promesses...

SCÈNE XIII.

POMARET, SÉRAPHINE.

SÉRAPHINE, arrivant derrière lui par le fond et lui frappant sur l'épaule.

Bien dit, monsieur Pomaret!..

POMARET.

Oh!.. Séraphine!..

SÉRAPHINE.

Ah! vous recommandez la constance aux autres, vous?.. Il paraît que vous êtes comme les marchands de vulnéraire, qui en vendent, mais qui n'en boivent pas?..

POMARET.

Permettez, mademoiselle!..

SÉRAPHINE.

Mademoiselle!.. Il m'appelle mademoiselle, le scélérat!

POMARET.

Que venez-vous faire ici?..

SÉRAPHINE, d'un ton de dépit.

Quand il n'y aurait que le plaisir de vous voir...

POMARET.

Trop bonne, en vérité!..

SÉRAPHINE.

Malheureusement, il y a encore autre chose qui me gêne un peu pour dire tout ce que je pense...

POMARET.

C'est dommage!..

SÉRAPHINE.

Mais vous ne perdrez rien pour attendre...

POMARET.

Séraphine... je vous en prie... du calme... vous êtes toujours adorable!.. de la modération... quelle taille charmante!.. point de scandale!..

SÉRAPHINE.

Ah! tartuffe, c'est ça que vous craignez; mais j'en ferai, du scandale, et beaucoup!..

POMARET.

Songez à ma réputation si bien établie?.. Quels jolis yeux!...

SÉRAPHINE.

Je la démolirai! votre réputation!..

POMARET.

Dans cette maison, où l'on connaît mes principes... où avez-vous pris ces petits pieds-là, Séraphine?.. ma moralité... Que cette peau de satin est éblouissante!.. Ma vertu...

SÉRAPHINE.

Votre vertu?.. Et la mienne?..

POMARET.

La vôtre, Séraphine!

SÉRAPHINE.

Oui, la mienne!.. qu'est-ce qu'elle deviendra?

POMARET.

Dam! je peux vous dire comme Caïn: est-ce que vous me l'avez donnée à garder?..

SÉRAPHINE.

Mais, scélérat, quand Caïn disait ça, il avait tué son frère!..

POMARET.

Moi, je n'ai tué personne... quelle belle santé vous avez là, Séraphine!..

SÉRAPHINE.

Oui, oui, faites le câlin!.. ça ne prendra pas!.. j'ai appris de vos nouvelles là-dedans!.. Ah! perfide! vous voudriez vous marier avec cette bégueule d'Écossaise?

POMARET.

Espagnole!.. Silence donc!..

SÉRAPHINE.

Ah! vous me la préférez par ce qu'elle est riche?.. Et puis, ça apportera un cœur tout neuf à son mari, n'est-ce pas?

POMARET.

Je l'espère!..

SÉRAPHINE.

Eh bien!.. ça n'est pas vrai! l'Écossaise a déjà eu un amoureux!..

POMARET.

Espagnole!..

SÉRAPHINE.

Ça m'est égal!..

POMARET.

Séraphine!..

SÉRAPHINE.

J'en ai la preuve!.. Après que je lui ai eu essayé ses robes... le hazard a fait tomber sous ma main certain médaillon... je la cherchais pour le lui rendre, et sans le vouloir j'ai regardé...

Ah ! perfide, tu désires l'épouser ?.. tu veux obtenir son cœur ?.. Eh bien ! tu n'en auras pas l'étrenne !.

POMARET.

Je ne vous crois pas, Séraphine ; je ne veux pas vous croire !

SÉRAPHINE.

Tu ne veux pas me croire, monstre d'homme ?.. Attends !.. attends !.. tu verras !.. Oh !.. il y aura un fameux grabuge !.. je te démasquerai !.. je la démasquerai !.. plus tard !.. parce que... mais laisse faire !.. dès que mon mémoire sera soldé, je t'apprendrai...

POMARET.

Séraphine !.. Séraphine !..

SÉRAPHINE.

Non... non !.. je ne quitterai pas la maison... je serai là !..

Air de la Charmelle.

Ah ! j'étouffe de colère !
Je sors, car je n'y tiens plus :
Et dire qu'il faut me taire,
Ou perdre deux mille écus !..
La fureur qui me domine
Punira ta trahison !

POMARET.

Écoutez donc Séraphine,
Revenez à la raison !

SÉRAPHINE.

Non ! après ma fourniture,
Ingrat, je te reverrai :
Qu'on acquitte ma facture,
Et moi je m'acquitterai !

ENSEMBLE.

POMARET.

Apaisez votre colère !
Pourquoi ces cris superflus ?
Silence ! puisqu'à vous taire
Vous gagnez deux mille écus.

SÉRAPHINE.

Ah ! j'étouffe de colère !
Je sors, car je n'y tiens plus :
Mais je cesse de me taire
Quand j'aurai deux mille écus !

(Elle sort violemment par le fond, suivie par Pomaret à qui elle ferme la porte au nez.)

POMARET, seul.

Pas moyen de la retenir !.. que diable signifie ce qu'elle est venue me conter là ?..

SCÈNE XIV.

POMARET, MARCOS.

MARCOS, entrant par la porte de droite.

Bravo, monsieur Pomaret !.. vous avez bien opéré !

POMARET.

Plaît-il ?..

MARCOS.

Tout à l'heure, notre jeune homme a rencontré votre oncle.

POMARET.

Ah !.. il a refusé décidément ?..

MARCOS.

Ah ! bien oui !.. Il l'a embrassé avec transport, en lui disant : « mon père, j'ai l'espoir de vous complaire » et il l'a quitté précipitamment pour courir auprès de notre chère Inès.

POMARET, à part.

Mais, le malheureux me ruine, avec son inconstance ! Oh ! si je pouvais... quelle idée !.. Oui... c'est cela !..

MARCOS.

Eh bien ! monsieur Pomaret ?..

POMARET.

Pardon, maître Marcos, pardon !.. Il faut que je vous quitte !

MARCOS.

Mais vous n'avez pas l'air content de votre succès ?..

POMARET.

Enchanté, maître Marcos, enchanté... Comment donc !.. Au plaisir de vous revoir !

(Il sort vivement par le fond.)

SCÈNE XV.

MARCOS, seul.

Allons, voilà qui est arrangé ! Inès a vaincu Clotilde ! J'étais bien sûr qu'avec sa gentillesse et les talens qu'elle a si vite acquis en Espagne, notre chère enfant finirait par rendre son amoureux infidèle... à elle-même.

SCÈNE XVI.

ARTHUR, INÈS, MARCOS.

INÈS, entrant suivie par Arthur.

Mais, M. Arthur, que me demandez-vous ?

ARTHUR.

Dites-moi, que mes soupçons ne me trompent point ; qu'un mystère que je ne puis comprendre vous obligeait à feindre !.. Que pouvez-vous redouter ? N'est-ce pas, d'un seul mot, doubler ma tendresse et mon bonheur ?..

INÈS, à demi-voix, jetant un regard suppliant à Marcos.

Mon ami !..

MARCOS, bas.

Songez à votre père.

ARTHUR.

Vous vous taisez !.. vous semblez hésiter !.. Oh ! répondez, par grâce... Répondez !.. qui êtes-vous ?

INÈS.

Je suis la fille de M. Ribera.

ARTHUR.

La fille de M. Ribera ? Et quoi !.. cette ressemblance inouie serait un jeu de la nature ?.. Mais alors, c'est à cet homme que je m'adresserai, et je lui dirai : Qu'avez-vous fait de Clotilde ?

(Il a passé entre Inès et Marcos.)

MARCOS.

Plaît-il ?

ARTHUR.

Qu'en avez-vous fait ?.. car c'est vous qui l'avez enlevée !

MARCOS.

Qui est-ce qui vous a dit ça ?

ARTHUR.

Vous allez nier, sans doute ?.. vous savez que je n'ai pas de preuves.

MARCOS, à part.

C'est bien heureux !..

ARTHUR.

Mais répondez donc !..

MARCOS.

Rien n'est plus facile. Je vous parlerai comme je parlais aux correspondans de feu mon patron, dans les quatre parties du monde, et je vous dirai : Monsieur, on m'a chargé de vous amener votre femme, la voilà !.. Je vous la livre telle que je l'ai reçue ; si vous ne voulez pas accepter la fourniture, tant pis pour vous ! Nous ne sommes pas embarrassés d'en trouver le placement. Quant à l'objet que vous réclamez, il ne faisait point partie de mon chargement, et je ne suis donc pas obligé de vous le fournir !.. cherchez-le, et bonne chance !

ARTHUR.

Oh !.. c'est infâme !..

MARCOS, à part.

Comment diable sortirons-nous de là ?

SCÈNE XVII.

LES MÊMES, DURESNEL.

DURESNEL.

Ah ! mon fils, mon cher fils !.. je suis si heureux de l'espoir que tu m'as donné tout à l'heure !.. Tout est préparé ; le notaire est là...

ARTHUR.

Non, mon père, non !.. c'est impossible !..

DURESNEL.

Ah ! bah !

ARTHUR.

Il m'en coûte de vous désobéir, mais je ne puis... je ne pourrai jamais !.. (Fausse sortie.)

DURESNEL.

C'est à en devenir fou comme lui !

INÈS, à part.

Mon Dieu !.. ai-je du malheur ?.. il n'y a peut-être qu'un homme fidèle en France, et il faut qu'il soit pour moi !..

SCÈNE XVIII.

LES MÊMES, POMARET.

POMARET, arrivant au fond et arrêtant Arthur.

Eh bien ! qu'est-ce que c'est ?.. qu'est-ce que c'est ?.. où vas-tu donc, Arthur ?..

ARTHUR.

Que t'importe ?..

POMARET, à demi-voix.

Reste là !.. j'ai à te parler.

DURESNEL.

Ah ! mon neveu ! il n'y a plus que toi qui puisses nous tirer d'embarras !.. Parle à ton cousin !

POMARET.

Fiez-vous à moi, mon oncle !.. (A part.) Compte là-dessus ! grâce à ce que je viens de soustraire à Séraphine, je vais rendre le mariage tout à fait impossible. (Haut à Duresnel.) Tenez-vous un peu par ici, je vous en prie.

DURESNEL, à Inès et à Marcos.

Laissons faire mon neveu !.. il est très éloquent !..

MARCOS, à part.

Je n'ai pas confiance !

POMARET, à demi-voix à Arthur, qu'il a tiré à gauche.

Arthur, mon bon ami, mon excellent cousin, je viens te rendre un service signalé... mais que nul ne le soupçonne !.. Je t'en prie !.. ne va pas me perdre, quand je te sauve !

ARTHUR.

Tu me sauves ?..

POMARET, à demi-voix.

Oui, garde-toi de conclure ce mariage ! Cette Inès, cette jeune Espagnole qu'on veut te faire épouser... elle a déjà eu une inclination !..

ARTHUR, vivement.

Que dis-tu là ?..

DURESNEL, aux deux autres.

Voyez-vous !.. voyez-vous !.. il fait déjà de l'effet !..

POMARET, à demi-voix.

Et une inclination solide... je t'en réponds !.. Tiens, regarde plutôt ce médaillon qu'elle portait... vois ce qui est gravé dedans : « Amour pour la vie !.. » Et un chiffre !.. Un A et un C !.. Je gage qu'il s'appelait Alvar !.. c'est un nom espagnol.

ARTHUR.

Grand Dieu !.. Donne donc !.. donne !..

DURESNEL, aux deux autres.

Ça prend !.. ça prend !..

POMARET, à demi-voix.

Mais surtout, silence !..

ARTHUR, qui a pris le médaillon et l'a regardé.

Ah !.. je le savais bien !.. Quelle joie !.. quelle ivresse !..

POMARET, stupéfait.

Eh bien ?..

ARTHUR, courant à Duresnel.

Mon père !.. mon père !.. Je suis le plus heureux des hommes !.. Ordonnez !.. commandez !.. que le notaire vienne !.. Je vous obéis !.. Dans vos bras, maître Marcos, dans vos bras !.. (A Inès.) Et vous ?..

AIR : En vérité, je vous le dis.

Pour jamais je suis à vos pieds ;
Voyez ma joie et mon délire !
Je résistais à votre empire,
Et, malgré moi, vous triomphiez !
C'est un époux fidèle et tendre
Que votre cœur avait rêvé ?
Vous vous disiez : Il faut attendre...
N'attendez plus !.. c'est arrivé !

INÈS.

Ah ! mon Dieu !..

DURESNEL.

Là !.. qu'est-ce que je vous disais ?..

MARCOS.

Sarpebleu, voilà du nouveau !..

POMARET, à part.

Je dois être tout jaune !

ARTHUR.

Oui, mon père !.. A elle... à elle pour jamais !..

INÈS.

Mais M. Arthur...

ARTHUR, à demi-voix.

Inès veut-elle reprendre ce médaillon que Clotilde avait perdu ?

INÈS.

Ciel !..

ARTHUR, à demi-voix.

Il n'est plus possible de me tromper.

INÈS, placant un doigt sur sa bouche.

Chut !..

DURESNEL.

Enfin, nous y voilà donc! plus de couturière!.. une charmante bru, digne d'être la fille d'un baron, d'aller aux bals des min... Et qui mépargne le chagrin de voir mon fils amoureux d'une grisette!

MARCOS, à part.

Il est bon là, le Baron !

DURESNEL, à Inès.

Mais faites en sorte que ça ne le reprenne plus.

INÈS.

Je l'aimerai pour deux.

DURESNEL, à Pomaret.

Quel triomphe pour ton éloquence !.. je te ferai nomer député !

POMARET, à part.

Je dois être de trente-six couleurs !

INÈS, au public.

AIR : Un beau pêcheur.

Je suis encore bien inquiète ;
Je voudrais pouvoir, en ces lieux,
De la critique qui me guette
Toucher le cœur, fermer les yeux !
Sous les airs de la demoiselle
La grisette se déguisait :
Sans cela, point d'hymen pour elle,
Car un baron la méprisait !
Grâce à l'amour qui me protége,
J'ai deux fois séduit mon époux ;
Mais, hélas, Messieurs, trouverai-je
Même bonheur auprès de vous ?
Je suis encore bien inquiète ;
Je voudrais pouvoir, en ces lieux,
De la critique, qui me guette,
Toucher le cœur, fermer les yeux.

FIN DE LA GRISETTE ET L'HÉRITIÈRE.

NOTA. S'adresser pour la Musique de cette pièce, et tous les ouvrages du répertoire du théâtre du Vaudeville, à M. R. TARANNE, bibliothécaire dudit théâtre.

Imprimerie de Mme De Lacombe, rue d'Enghein, 12.

www.ingramcontent.com/pod-product-compliance
Lightning Source LLC
LaVergne TN
LVHW052022160826
845678LV00003B/1172

* 9 7 8 2 3 2 9 6 3 2 9 5 7 *